어린이를 위한
역사의 쓸모

인생 편 1

글 큰★별쌤 최태성

랜선 제자만 700만 명, 역사 커뮤니케이터!

고교 시절 성적이 잘 나와서 역사를 잘하는 것으로 착각하고 사학과에 진학했다. 그러나 대학교 1학년 때 우연히 5·18 민주화 운동 영상을 보고 그동안 알고 있던 역사적 사실에 회의를 느끼게 되면서 다시 새로운 시선으로 역사를 공부하게 되었고, 그 후 지난 30년간 고등학교 역사 교사, 한국사 교과서 집필, TV 역사 프로그램 진행, 역사 강연 등의 활동을 하며 '역사란 무엇인가'라는 질문에 대한 답을 찾는 여정을 이어 왔다. 지금은 '역사란 사람을 만나는 인문학'임을 믿으며 과거의 시간과 사람에 대한 애정을 가슴에 담고서 살아가고 있다.

- 전 대광고등학교 교사, EBS 한국사 대표 강사
- 유튜브 채널 '최태성 1TV', '최태성 2TV', '최태성 초등TV' 무료 강의 진행
- 사랑의열매 고액 기부자 모임 '아너 소사이어티' 회원 및 사랑의 열매 홍보대사
- KBS〈역사저널 그날〉, tvN STORY〈벌거벗은 한국사〉 등 출연

그림 김옥재

인천에서 태어나 세종대학교에서 한국화를 공부했고, 현재 프리랜서 일러스트레이터로 활동하고 있다. 그림책, 교과서, 사보, 광고 등에 그림을 그렸으며, 그린 책으로는 《도둑 잡는 도둑, 청길동》, 《천황과 무사의 나라 일본》, 《겅쟁을 울려라!》, 《이야기보따리를 훔친 호랑이》 등이 있다.

어린이를 위한 역사의 쓸모

인생 편 1

최태성 글 | 김옥재 그림

용기

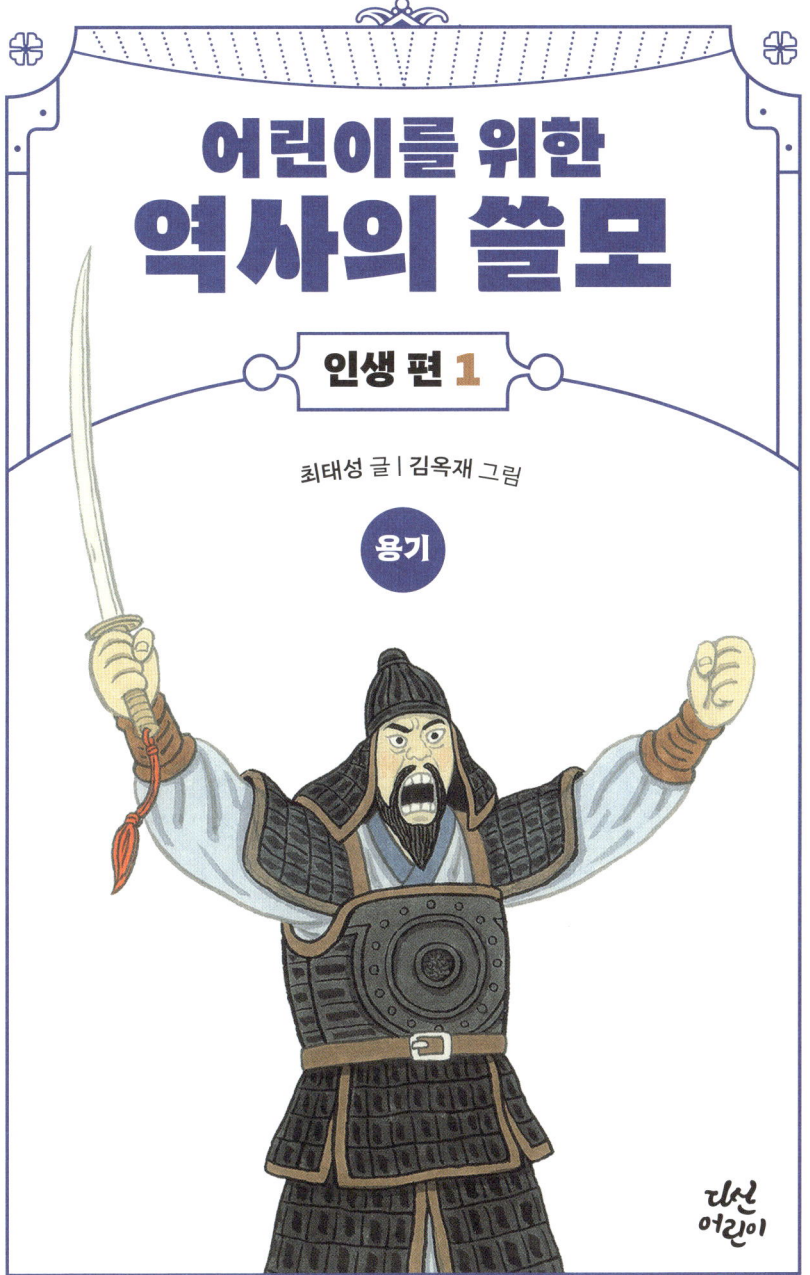

다산어린이

> 들어가는 글

지금 이 책을 펼쳐 든 나의 어린 친구에게

너는 나의 희망이란다.
네가 힘들어하고, 슬퍼하면 마음이 아프단다.
그래서 앞으로 살아가야 할 시간이 나보다 많은 네게 조금이라도 도움을 주고 싶어.
내가 잘할 수 있는 게 역사니까 역사 이야기로.

이번 《어린이를 위한 역사의 쓸모》는 '인생' 편이야.
파릇파릇 피어나고 있는 네게 인생을 이야기하는 게

조금 일러 보이기는 하지만, 어차피 지금 네가 보내는 시간도 네 인생의 일부니까.

역사는 사람을 만나는 학문이란다.
과거에 살았던 사람들의 인생을 들여다보면서 하지 말아야 할 것은 무엇이고, 해야 할 것은 무엇인지를 배우는 거란다.
그 사람들의 인생을 따라가다 보면 너 역시 그들의 인생에 스며들게 될 거야.
아주 자연스럽게.

그러면 어떤 일이 일어나는지 아니?
바로 '건강한 상상'을 할 수 있게 되지.
나중에 어떤 선택을 했을 때, 내가 더 행복할지.
나중에 어떤 용기를 냈을 때, 내가 더 만족할지.

'건강한 상상'으로 너의 세상이 채워지면 너는 바람에 흔들리지 않는 단단한 나무로 성장할 수 있을 거야. 그래야 "남들은 다 하는데, 남들은 다 가졌는데….'라고 말하는 '남들바람'에 휘청이지 않고, 뚜벅뚜벅 앞으로 걸어 나갈 수 있을 거란다.

이제부터 단단한 뿌리를 만들어 줄게.

평강 공주부터 안중근까지, 한 번의 인생을 정말 멋지게 살아간 사람들의 이야기가 나올 거야.

그러니까 무조건 재미있어.

하지만 재미있으면서 동시에 건강한 의미도 담겨 있지. 그러니 잘 생각하면서 그들을 만나 보자.

나의 소중한 벗인

너의 인생을 응원하며.

초록빛 여름
대나무숲에서 큰별쌤이

차례

들어가는 글 ● 004

1부

적극적으로 선택하고 행동하는 용기

고려의 마지막 충신 **정몽주** ● 013

승부의 신 **태종 이방원** ● 028

스스로 운명을 만들어 간 **우씨 왕후** ● 046

가난한 온달을 선택한 **평강 공주** ● 062

누구 앞에서든 당당할 수 있는 용기

신라를 구한 기술자 **구진천** ● 081

백성들의 슈퍼히어로 **박문수** ● 096

집 나갔다 돌아온 천재 율곡 **이이** ● 112

도끼를 든 선비 **조헌** ● 125

내 안의 두려움을 뛰어넘는 용기

꺾이지 않는 마음 **계백** ● 143

노비 문서를 불태운 **김윤후** ● 158

일본의 심장을 저격한 **안중근** ● 174

자신의 전부를 독립운동에 바친 **이회영** ● 190

고려의 마지막 충신 정몽주

왜 새로운 나라가 세워지나요?

역사를 살펴보면, 처음 나라를 세운 사람들에게는 꿈이 있어요. 지금보다 나은 세상을 만들겠다는 꿈이죠. 그 꿈을 다른 수많은 사람들과 함께 꾸면서 새로운 나라가 세워집니다.

하지만 그들이 힘을 얻고 많은 것을 가지면 점점 마음이 바뀝니다. 수십, 수백 년의 시간이 지나면 처음 가졌던 마음을 완전히 잊어버리는 경우도 생겨요. 그러면서 나라가 기울어지고, 다시 새로운 꿈을 가진 세력이 나타나 나라를 세웁니다. 그렇게 시대가 바뀌고 새로운 세상으로 나아가는 거예요.

그러면 이렇게 질문할 수도 있을 것 같아요. "새로운 나라를 세워야만 새로운 세상이 되는 건가요?"라고요.

꼭 그렇지는 않아요. 새로운 나라를 세우지 않더라도 개혁을 통해서 충분히 새로운 세상을 만들 수 있다고 믿었던 사람도 있었어요. 대표적인 인물이 고려의 신하였던 정몽주입니다.

못하는 것이 없었던
고려의 마지막 희망 정몽주

조선을 세운 사람이 누구인지 아시나요? 바로 고려의 장군이었던 이성계입니다. 그리고 이성계 옆에서 조선을 설계한 사람이 정도전이에요. 조선 건국에 두 사람의 이름을 빼놓을 수는 없지요.

그런데 두 사람에 맞서서 마지막까지 고려를 지키기 위해 노력한 인물이 있어요. 바로 '고려의 마지막 충신'이라고 불린 정몽주예요. 결국 이성계의 아들인 이방원이 조선을 세우는 데 방해가 되는 정몽주를 죽입니다. 고려는 그가 세상을 떠난 뒤 반년도 지나지 않아 멸망하고 말아요.

그런데 정몽주와 이성계, 정도전이 진한 우정을 나눈 친구 사이였다고 하면 믿을 수 있나요?

놀랍게도 세 사람은 함께 뜻을 모아 나라를 개혁하려고 했던 동료였습니다. 그렇다면 왜 정몽주는 가까운 동료였던 이성계와 정도전을 적으로 돌릴 수밖에 없었을까요? 지금부터 정몽주의 삶을 따라가 봅시다.

정몽주는 어린 시절부터 공부에 뛰어난 재능을 보였어요. 당시에는 중국에서 새로운 학문인 성리학이 들어오고 있었지요. 고려의 유학자들은 어지러운 고려 사회의 문제점을 해결할 학문으로 성리학을 받아들였어요.

나이가 어느 정도 찬 정몽주는 당시 고려에서 가장 유명한 성리학자였던 이색 밑으로 들어가 학문을 배우게 됩니다. 이미 이색에게는 수많은 제자들이 있었죠. 정몽주는 그중에서도 단연 돋보이는 사람이었습니다.

이때는 막 성리학이 들어올 때라서 고려에는 성리학을 설명하는 책이 별로 없었어요. 정몽주는 이 얼마 안 되는 책

을 읽고 자신이 직접 해설을 달았습니다.

그런데 나중에 중국에서 성리학을 설명하는 책이 들어와서 보니, 정몽주가 달아 놓은 해설과 비슷한 거예요. 그만큼 정몽주가 완벽하게 성리학을 이해했던 거죠. 감탄한 스승 이색은 그를 '우리나라에서 성리학을 처음으로 시작한 사람'이라고까지 평가했습니다.

이후 과거에 급제해서 관리가 된 정몽주는 중국과 일본을 오가는 외교관으로도 활동합니다.

그는 일본에 가서 왜구의 침략 때문에 잡혀갔던 수백 명의 고려 사람들을 데리고 돌아왔어요. 이때 일본 사람들이 정몽주의 뛰어난 글솜씨와 당당한 태도에 놀랐다는 기록이 남아 있어요.

또 중국에서 원의 힘이 약해지고 명이 들어서면서 고려에 많은 공물을 요구하자 정몽주는 명에 가서 황제를 만나 공물의 양을 감면받아 오기도 했습니다.

외교관으로 일하던 정몽주는 폭풍을 만나 죽을 위기에 처한 적도 있어요. 그래도 정몽주는 포기하지 않고 구조될 때까지 살아남아 고려로 돌아왔습니다.

여기에 한 가지 더. 정몽주는 전쟁터에서도 활약한 인물입니다. 정몽주는 고려에 왜구가 침입하자 전쟁에 참여해 왜구를 물리치는 데 공을 세웠어요. 정말 못하는 것이 없는 사람이었나 봐요.

이렇게 여러 방면에서 뛰어난 모습을 보였던 정몽주는 고려의 희망일 수밖에 없었습니다. 정몽주 역시 고려를 다시 힘 있는 나라로 만들겠다는 꿈을 갖고 있었어요. 그래서 정몽주는 고려를 함께 일으켜 세울 동료를 찾습니다. 그러다 찾아낸 사람이 정도전이었어요.

나라를 함께 바꾸어 갈 동료로
정도전을 '선택'한 정몽주

정도전은 정몽주와 함께 이색 밑에서 공부하던 학생이었어요. 서로의 능력을 알아본 둘은 금세 친구가 되었습니다. 둘은 깊은 우정을 나눴어요. 서로를 생각하며 지은 시가 남아 있을 정도로요.

정몽주는 과거 시험을 준비하던 정도전에게 《맹자》라는 책을 건네줍니다. 공부에 도움이 되라는 뜻이었겠죠? 그런데 이 《맹자》는 정도전의 삶을 완전히 바꿔 놓아요.

《맹자》라는 책에는 임금이 올바르지 못한 행동을 한다면 백성들이 들고일어나 임금을 몰아낼 수 있다는 내용이 있어요. 정도전은 이 책을 보고 새로운 생각을 하게 되었지요. 고려 왕실이 제대로 역할을 하지 못한다면 고려를 무너뜨리고 새 나라를 세울 수도 있다는 생각이었어요.

이윽고 둘은 과거 시험에 합격해 관리로 임명됩니다. 나이가 많은 정몽주가 조금 먼저 관리가 되었죠. 그런데 당시에는 나라 꼴이 말이 아니었어요. '권문세족'이라 불리는 세력이 권력을 독차지하고 백성을 괴롭히며 땅과 노비를 늘려 가고 있었거든요.

그런 상황에서 정몽주와 정도전은 권문세족을 비판하면서 나라를 새롭게 하려 했어요. 당연히 권문세족들은 그들을 미워했죠. 둘은 관직에서 쫓겨나기도 하고, 귀양을 가기도 하는 등 온갖 어려움을 겪습니다. 특히 성격이 불같았던 정도전은 조금 더 고생을 했어요.

시간이 지나 정몽주는 다시 나라의 부름을 받았지만, 정도전은 계속 지방을 떠돌아다녔어요. 심지어 정도전이 학교를 세워서 제자들을 가르치려 하면 권문세족이 보낸 사람들이 찾아와 학교를 헐어 버렸습니다.

정몽주는 이렇게 고생만 하는 정도전이 안타까웠던 것 같아요. 그는 정도전에게 힘을 실어 주기 위해 한 사람을 소개합니다. 이끄는 전투마다 승리를 거두는 고려의 전쟁 영웅을요. 그가 바로 이성계입니다.

고려를 살리기 위해
이성계를 '선택'한 정몽주

•

정몽주는 오래전부터 이성계를 알고 있었어요. 앞에서 정몽주가 왜구를 토벌하는 전쟁에 나섰다고 했었죠? 이때 정몽주는 이성계와 함께 싸웠습니다.

이성계는 조선을 세운 왕이기도 하지만, 우리 역사에서 손꼽힐 정도로 싸움을 잘했던 장군이기도 해요. 그는 고려를 침략한 홍건적, 왜구, 여진족 등과 수십 차례 싸워 모두 승리를 거둔 영웅이었습니다.

이성계는 전쟁터에 나갈 때마다 정몽주와 함께 갔다고 해요. 그만큼 정몽주의 능력을 높이 평가했다는 것이죠.

정몽주 역시 이성계야말로 기울어 가는 고려를 다시 되살려 줄 영웅이라고 생각했을 거예요. 이성계는 뛰어난 장군이었지만 고려의 권력을 장악하고 부정부패를 저지르던 권문세족은 아니었어요. 게다가 백성들에게 엄청난 지지를 얻고 있기도 했고요.

정몽주는 이성계와 정도전 같은 새로운 사람들이 나타나 고려를 개혁해야 한다고 생각했어요. 그래서 정도전을 이성계에게 소개합니다. 하지만 이때쯤 정도전은 정몽주와 다른 생각을 품고 있었지요. 정도전은 이성계를 찾아가 그의 군대를 보고 이렇게 말해요.

"이 정도 군대면 무엇이든 못 하겠습니까?"

이성계의 군사력을 이용해 고려를 무너뜨리고 새로운 나라를 세우자는 뜻이었지요. 정몽주가 고려를 살리기 위해 고민하는 동안 정도전은 새로운 나라를 만들려는 생각을 하고 있었습니다.

 이후 이성계와 정도전은 새 나라를 위한 계획을 차근차근 세워 나갑니다. 그런 사실을 미처 몰랐던 정몽주는 이성계와 정도전을 여러모로 도와줬어요.

 심지어 이성계가 위화도에서 군대를 돌려 고려에 반란을 일으킬 때도 정몽주는 그를 지지합니다. 이성계의 반란이 고려를 살리기 위한 선택이라고 믿었거든요. 정몽주가 뭔가 이상한 낌새를 알아챈 것은 한참 뒤였어요.

 이때부터 정몽주는 정도전과 이성계를 적이라고 생각하게 되었어요. 그는 신하로서 두 나라를 섬기는 것은 있을 수 없는 일이라고 생각했거든요. 정몽주는 이성계와 정도전을 막기 위해 온 힘을 쏟습니다.

 그러던 어느 날, 이성계가 사냥을 나갔다가 말에서 떨어지면서 큰 부상을 입어 꼼짝도 못 하고 누워 있게 돼요. 정몽주는 이 기회를 노려 이성계 세력을 없애기로 결심합니다. 그래서 이성계를 따르던 사람들을 귀양 보내고 정도전을 가두어 버리지요.

 이 소식을 들은 이성계의 아들 이방원은 재빨리 움직

입니다. 정몽주가 병문안을 핑계로 이성계의 집을 찾아오자 그는 정몽주의 마음을 떠봐요. 정몽주를 자신들의 편으로 끌어들이려고도 해 보지요. 하지만 정몽주는 일편단심으로 고려에 충성하겠다고 굳게 다짐한 상태였어요.

정몽주가 자신의 아버지와 절대 같은 편이 될 수 없다는 것을 알게 된 이방원은 집으로 돌아가는 그를 제거해요. 정몽주가 죽자 고려 역시 얼마 지나지 않아 멸망합니다.

정몽주가 죽임을 당했다고 전해지는 개성의 선죽교에는 붉은 자국이 남아 있어요. 사람들은 이것이 정몽주의 핏자국이라고 믿었다고 합니다. 이를 통해 나라에 충성을 다했던 정몽주를 기억하고 싶었던 것이겠죠.

큰★별쌤의 한마디

정몽주의 삶을 바라보면, 때때로 역사는 정말 예상하지 못한 방향으로 흘러간다는 생각이 들어요. 고려를 살리기 위해 했던 정몽주의 선택이 오히려 고려의 멸망을 재촉하게 되었으니까요.

때로는 우리의 선택이 원하던 것과 전혀 다른 결과를 가져올 수도 있어요. 잘해 보려고 한 선택이 잘못된 결과를 낳기도 하고, 다른 사람의 오해를 살 때도 있죠. 반대로 잘못된 선택을 내렸다고 생각했는데 결과가 좋을 때도 있을 거예요.

그러면 우리는 어떻게 행동해야 할까요? 결과를 예상할 수 없으니 아무것도 선택하지 않고 가만히 있는 것이 좋을까요?

그렇지 않아요. 정몽주가 고려를 살리기 위해 내린 선택은 당시에는 완전히 다른 결과를 낳았지만, 그는 지금까지도 훌륭한 충신으로 기억되고 있어요. 정몽주가 고려를 지키기 위해 얼마나 노력했는지 알기 때문입니다.

마음대로 되지 않는 결과에 지나치게 마음을 쏟을 필요는 없습니다. 우리가 깊이 생각해서 선택한 뒤 행동으로 옮긴다면, 결과와 상관없이 그 자체로 의미 있는 일이 될 거예요.

정몽주의 비석에 벼락이 떨어지다!

　조선 건국에 참여하지 않고 고려의 충신으로 죽은 정몽주. 정몽주가 죽은 뒤 그를 따르던 인물들은 모두 유배되는 등 탄압을 받았습니다.

　그런데 재미있게도 정몽주를 죽인 태종 이방원이 왕위에 오른 뒤 정몽주는 '충신'의 상징으로 높여집니다. 조선이 세워지기 전에는 나라에 충성하는 정몽주 같은 신하가 걸림돌이었지만, 이제 조선이 세워졌으니 나라에 충성하는 신하가 많이 필요했으니까요.

　태종은 죽은 정몽주를 조선의 최고 관직인 영의정부사로 임명하고, 그에게 익양부원군이라는 작위까지 내려 줍니다. 이를 통해 나라에 충성하는 신하들에게는 큰 상이 주어진다는 것을 보여 준 거예요.

　전해지는 이야기에 따르면, 처음에는 태종이 내려 준 관직인 영의정부사가 적힌 비석을 정몽주의 묘 앞에 세웠다고 해요. 그런데 얼마 되지 않아 심한 천둥과 번개가 칩니다. 이튿날 아침에 보니 정몽주의 묘에 세워 두었던 비석이 산산조각이 나 있었어요.

  이를 이상하게 여긴 정몽주의 후손들이 정몽주가 고려에서 받은 벼슬인 '문하시중'을 비석에 새겨서 다시 세우자 그 뒤로는 천둥, 번개가 쳐도 비석이 멀쩡했다고 합니다.

  그래서인지 지금도 정몽주의 비석에는 고려에서 받은 벼슬만이 적혀 있습니다. 정몽주는 죽은 뒤에도 고려의 신하로 남으려 했던 거예요.

승부의 신
태종 이방원

과거 시험을 치른 왕이 있다고요?

우리나라에는 공무원이 되기 위해 공부하는 사람이 참 많습니다. 요즘은 공무원 시험의 경쟁률이 예전에 비해 낮아졌다고는 하지만, 그래도 20 대 1이 훌쩍 넘는다고 해요. 스무 명 중에서 한 명 정도만 합격하는 거죠.

고려와 조선 시대에도 비슷했어요. 지금의 공무원처럼 나랏일을 하는 관리가 되기 위해서는 과거 시험에 합격해야 했지요. 물론 관리가 되는 다른 방법도 있었지만 높은 관직에 오르기 위해서 과거 합격은 필수였습니다.

고려 시대에는 과거에 합격하기 위해 사교육을 받기도 했어요. 또 조선 시대에는 과거 시험이 원칙적으로 3년에 한 번 실시되었고, 문관을 뽑는 대과 시험에서는 딱 서른세 명만을 선발했습니다. 그래서 경쟁률이 10,000 대 1까지 올라가기도 했죠.

당시 대과 시험에 합격하기 위해서는 30년 정도 공부하는 것이 기본이었다고 해요. 이를 통해 과거에 합격하기가 얼마나 어려웠는지 짐작할 수 있지요.

그렇다면 왕과 왕자는 어땠을까요? 당연히 왕과 왕자는 과거 시험을 보지 않았습니다. 태어나면서부터 가장 높은 신분을 얻을 수 있었으니까요.

그런데 조선의 왕 중에서 유일하게 과거 시험을 치르고, 당당하게 급제한 사람이 있습니다. 그것도 열일곱 살의 나이로 당당하게 과거 시험에 합격했어요. 그가 바로 태종 이방원이에요.

정몽주를 제거하고
새 나라를 세우기로 '선택'한 이방원

•

이방원은 아버지인 이성계가 아직 고려의 장수였던 시기에, 이성계의 첫 번째 부인인 한씨의 다섯째 아들로 태어났습니다. 이성계가 두 번째 부인 강씨를 맞이하며 동생들이 태어나기 전까지는 막내아들이었지요.

아버지 이성계는 고려에서 가장 뛰어난 장군이었어요. 당시 고려는 왜구와 같은 외적의 침입을 받으며 끊임없이 전쟁을 치렀습니다. 당연히 이성계는 전쟁터에 나가 있는 시간이 무척 길었죠.

이성계는 이방원을 수도 개경에 있는 두 번째 부인 강씨에게 보냅니다. 개경에서 공부를 시키려 했던 거죠. 이방원이 아들 중에서 가장 똑똑하다고 생각했나 봐요.

새어머니 강씨는 이방원을 친자식처럼 아껴 주었어요. 이방원도 강씨를 잘 따랐죠. 이방원은 강씨의 지원을 받으며 오로지 공부에만 힘쓸 수 있었습니다. 결국 이방원은 열일곱이라는 나이로 당당하게 과거 시험에 급제해요. 함께 합격한 사람 중에서도 가장 어린 나이였다고 해요.

아들의 과거 급제 소식을 들은 이성계는 엄청나게 기뻐했습니다. 대대로 군인 출신인 집안에서 문과 급제자가 나왔으니까요.

이성계는 이방원이 처음으로 관직을 받았을 때 너무 기뻐서 아랫사람에게 임명장을 두 번 세 번 읽게 시켰다고 해요. 이렇게 이방원은 고려의 관리로 자신의 첫 사회 생활을 시작합니다.

그러던 어느 날, 이방원은 아버지가 반란을 일으켰다는 소식을 들어요. 이성계가 위화도에서 군대를 돌려 고려로 돌아오고 있었던 거예요. 이 사건을 '위화도 회군'이라고 부릅니다.

이때 이방원은 어떤 선택을 했을까요? 고려의 신하로 일하고 있으니까 고려를 위해 충성을 다했을까요?

그렇지 않았어요. 이방원은 아버지를 선택합니다. 그는 이성계의 둘째 부인 강씨와 어린 형제들을 재빨리 피신시켰어요. 꾸물거리다가는 반역자의 가족으로 잡혀 인질이 될 수도 있었으니까요.

만약 이방원이 가족을 구하지 못했다면 위화도 회군은 성공하지 못했을지도 몰라요. 고려 정부가 이성계의 가족을 인질로 잡았을 테니까요. 어쩌면 이방원은 위화도 회군을 성공시킨 일등 공신이라고 할 수 있습니다.

당시 고려의 지배층은 썩을 대로 썩어서 백성들을 돌보지 않았어요. 오히려 백성들이 가진 것을 빼앗아 갔지요. 백성들의 생활은 점점 어려워지고 있었어요.

이때 '신진사대부'라는 선비들이 등장해서 고려를 개혁하려 했어요. 시간이 지나면서 점차 신진사대부는 두 파로 나뉘게 됩니다. 고려에는 더 이상 희망이 없으니 새로운 나라를 세워야 한다고 주장한 급진파와 고려 왕조를 유지하면서 개혁을 펼치려 했던 온건파로요.

급진파의 대표는 정도전이었고 온건파의 대표는 정몽주였습니다. 정도전은 이미 이성계와 손을 잡았어요. 이성계의 아들인 이방원 역시 새로운 나라를 세워야 한다는 생각을 하고 있었죠.

그런데 정몽주는 이방원이 스승으로 모시기도 했던 인물이었어요. 정몽주는 당시 많은 선비들의 존경을 받고 있없고, 그를 따르는 제자들도 많았습니다.

그렇기에 이방원은 새로운 나라를 세우기 위해 정몽주의 마음을 돌려 보려고도 했어요. 하지만 정몽주는 절대 마음을 바꾸지 않았지요. 결국 이방원은 정몽주를 죽이기로 결심합니다.

그런데 오히려 아버지 이성계가 이방원의 계획에 반대하고 나섰습니다. 정몽주는 이성계의 친한 친구이기도 했거든요. 서로 생각은 달랐지만 이성계는 정몽주의 뛰어난 능력을 높이 사고 있었어요.

끝내 아버지를 설득하지 못한 이방원은 주변 사람들을 설득해 정몽주를 제거하기로 합니다. 이때 이방원은 이렇게 말해요.

"아버지께서 제 말을 듣지 않지만 정몽주는 죽이지 않을 수 없습니다. 문제가 생기면 제가 다 책임지겠습니다."

결국 이방원은 이성계를 만나고 돌아가는 정몽주를 사람을 보내 죽이고 맙니다.

이 사실을 알게 된 이성계는 이방원에게 불같이 화를 냈습니다. 하지만 죽은 정몽주를 되살릴 수는 없었지요.

결국 정몽주가 죽고 얼마 지나지 않아 이성계는 여러 사람의 추대를 받아 왕위에 오릅니다. 그리고 나라 이름을 조선으로 바꾸지요.

여기까지만 보면 이방원의 뜻대로 된 것 같아요. 그리고 이방원이 아버지를 위해 정말 많은 일을 했다는 것도 알 수 있죠. 그럼 조선을 세우는 데 공을 세운 이방원은 큰 상을 받았을까요?

아버지를 몰아내고
왕이 되기로 '선택'한 이방원

•

놀랍게도 이방원은 조선의 왕자가 된 다음 상을 받기는커녕 곧바로 수도를 떠나야 했어요. 이성계가 정몽주를 죽인 이방원을 용서하지 않았거든요.

태조 이성계는 자신을 도와 고려를 무너뜨리고 조선을 세우는 데 힘을 모았던 사람들에게 벼슬도 주고 땅도 주었어요. 하지만 여기에 이방원의 이름은 없었습니다.

여러분이 이방원의 입장이라면 어떨 것 같나요? 너무 답답하고 속이 상할 것 같지 않나요? 아버지를 위해서 정몽주를 죽이는 선택을 했는데 오히려 인정받지 못하고 밀려났으니까요.

그런데 여기에 이방원이 도저히 참을 수 없는 사건 하나가 또 일어나요. 태조가 둘째 부인 강씨의 막내아들 이방석을 세자로 책봉한 거예요. 이방석은 이방원보다 열다섯 살이나 어렸어요. 심지어 조선을 세우는 데 아무런 공도 세우지 않았고요. 그런데도 세자가 된 거예요.

이제 이방원에게는 두 가지 선택이 남아 있었어요. 아버지의 선택을 받아들이고 평생 조용히 살아가거나, 아니면 반란을 일으켜서 직접 권력을 잡아야 했죠.

반란을 일으키는 것은 정몽주를 죽이는 것보다 훨씬 위험한 선택일 수 있어요. 실패하면 반역자가 되어 죽임을 당할 수도 있으니까요.

이방원은 자신의 선택에 모든 것을 걸었어요. 얼마 후 이방원은 자신의 형제들과 믿을 만한 사람들을 모아 반란을 일으킵니다. 이 사건을 '1차 왕자의 난'이라고 불러요.

1차 왕자의 난은 이방원의 성공으로 끝났어요. 이방원은 배다른 형제 이방석과 조선을 세우는 데 큰 공을 세운 정도전 등 공신 여럿을 죽이고 권력을 휘어잡습니다.

태조는 둘째 아들이었던 이방과에게 왕위를 물려주어요. 그가 조선의 두 번째 왕 정종입니다. 하지만 조선의 권력은 이미 이방원에게 있었지요. 이방원은 또 한 번 왕자의 난을 치르며 왕위를 노리던 또 다른 형제를 제거하고 정종에게서 왕위를 물려받습니다.

그가 바로 조선의 세 번째 왕 태종입니다.

첫째인 양녕 대군 대신
셋째를 왕으로 '선택'한 태종 이방원

이처럼 태종은 온갖 어려움을 뚫고 왕이 되었어요. 태종은 어렵게 얻은 왕위인 만큼 자신의 자리를 굳게 지키고 싶지 않았을까요?

그렇지만 태종도 언젠가는 다른 사람에게 왕위를 물려

주어야 했어요.

　태종에게는 네 명의 아들이 있었습니다. 그중 태종을 여러모로 닮은 맏아들 양녕이 있었어요. 중국에 갔을 때 황제인 영락제가 양녕을 보고 "외모는 아버지와 같은데 키만 좀 다르구나."라고 한 말이 남아 있지요.

　양녕은 외모만 태종과 닮았던 것이 아니라 성격도 비슷했던 것 같아요. 태종은 사냥을 무척 즐겼는데, 양녕 역시 다른 형제들보다 사냥이나 무예에 관심이 많았거든요. 그래서 태종에게 양녕은 무척이나 소중한 아들일 수밖에 없었습니다. 하지만 시간이 지나자 양녕은 세자에 어울리지 않는 행동을 하면서 문제를 일으켰어요.

　우선 양녕은 사냥과 활쏘기를 너무 좋아해서 공부를 게을리했어요. 물론 태종도 사냥을 즐겼지만, 태종은 과거에 급제할 만큼 공부도 잘했잖아요. 사냥에만 빠져서 공부는 뒷전인 양녕이 마음에 들지 않았겠죠?

　또 양녕은 종종 궁궐 밖으로 나가 불량한 사람들과 어울렸고, 여자를 만나 연애하는 데 정신이 팔려 있었습니다. 앞으로 태종의 뒤를 이어 임금이 되어야 할 세자에게는 어울리지 않는 행동이었죠.

그렇지만 형제 사이에 피를 흘리면서 왕이 된 태종은 반드시 첫째인 양녕에게 왕위를 물려주고 싶었을 거예요. 나중에 형제들 사이에 다툼이 일어나면 안 되니까요.

태종은 양녕이 잘못을 저지르면 양녕 대신 주변의 다른 사람들을 처벌하고, 양녕이 조금이라도 기가 죽거나 잘못을 인정하면 바로 용서해 주었습니다. 지금으로 치면 '아들 바보' 같은 모습이었던 거죠.

양녕이 마음을 고쳐먹고 세자로서 어울리는 행동을 했다면 얼마나 좋았을까요? 하지만 양녕은 점점 더 비뚤어집니다. 나중에는 다른 신하의 아내를 빼앗는 일까지 벌어져요. 태종은 양녕을 엄하게 꾸짖었죠. 그러자 양녕이 아버지에게 편지를 썼는데, 내용이 무척 반항적이었습니다.

"아버지께서는 여러 여자를 다 궁궐에 들이시면서, 제 첩들은 모두 내쫓으시는군요. 왜 아버지께서는 스스로를 돌이켜 반성해 보시지 않습니까?"

이처럼 맏아들 양녕의 어긋난 행동 때문에 골치를 썩던 태종. 그런데 태종에게는 양녕과 전혀 다른, 조용한 성격

의 아들이 있었어요. 바로 태종의 셋째 아들 충녕이었죠.

충녕은 태종과는 성격이 많이 달랐지만, 여러모로 훌륭한 왕이 될 자질이 충분한 사람이었어요. 생각이 깊고 늘 열심히 공부하고 노력했거든요.

결국 태종은 셋째 충녕을 세자로 세우기로 결심합니

다. 일단 마음을 굳힌 태종은 망설이지 않았어요. 자신의 선택을 밀고 나갔습니다.

양녕이 반항적인 편지를 쓴 지 사흘 만에 태종은 세자를 충녕으로 교체했어요. 그리고 세자를 교체한 지 두 달 뒤에는 충녕을 왕위에 앉히고 물러나지요. 정말 순식간에 모든 일이 벌어졌어요.

태종의 뒤를 이어 왕이 된 충녕. 이 사람이 우리가 잘 아는 세종 대왕입니다. 태종의 마지막 선택이 조선을 빛나는 전성기로 이끌었던 거예요.

큰★별쌤의 한마디

이방원은 세종에게 왕위를 물려주며 이렇게 말해요.

"18년 동안 호랑이 등을 탔으니 그걸로 충분하다!"

자신의 삶이 호랑이 등을 타고 달리는 것처럼 위태로웠다는 뜻이지요.

이방원의 말에서 알 수 있듯이, 이방원의 삶에는 위험 천만한 이야기가 가득합니다. 마치 한 편의 영화를 보는 것처럼 느껴져요.

이방원은 종종 위험하게 보이는 선택을 내렸어요. 실패하면 목숨이 위험할 수도 있는 선택 말이죠. 그런 선택을 한 번이 아니라 여러 번 내립니다.

여러분도 살면서 수많은 선택을 하게 될 거예요. 그때마다 이방원처럼 위험한 선택을 내릴 수는 없겠죠. 그게 꼭 옳은 선택도 아닐 테고요.

하지만 우리가 눈여겨봐야 할 것은 이방원이 자신의 선택에 모든 것을 걸었다는 사실이에요. 이방원은 한번 결정을 내리면 뒤를 돌아보지 않고 자신의 결정을 밀어붙였습니다.

우리도 용기를 내서 스스로 선택했다면, 너무 눈치를 보지 말고 자신의 선택에 최선을 다해 보면 어떨까요?

아랫사람을 혼냈다가 얻어맞은 태종

♦

지금까지 들은 태종은 어떤 사람 같은가요? 정말 냉정한 사람일 것만 같지 않은가요? 그런데 그런 태종을 두들겨 팬 궁녀가 있답니다. 그냥 전해지는 말이 아니라, 《조선왕조실록》에 기록이 되어 있어요.

어느 날 태종이 잠이 오지 않아 시녀 장미를 시켜서 무릎을 두드리게 했는데, 영 시원치 않아서 꾸짖고 잠이 들었다고 해요. 그런데 그 시녀가 갑자기 태종의 몸을 세게 두드리는 바람에 잠이 깨 버린 거예요.

나중에 태종이 그 장미라는 궁녀를 직접 불러 도대체 왜 그랬냐고 물으니 "혼난 것에 화가 나서 세게 두드렸다."라고 대답했습니다.

감히 궁녀가 임금에게 그렇게 무례한 짓을 하다니요! 원래라면 사형까지 내릴 수도 있는 일이었어요. 태종이 얼마나 어이가 없었을까요?

하지만 태종은 한편으로 자신이 기강을 제대로 잡지 못한 탓에 이런 일이 벌어졌다는 생각이 들어 부끄럽기도 했다고 합니다. 그래서 장미를 궁궐 밖으로 쫓아내는 정도로 마무리했지요.

물론 시간이 지나 태종은 아들인 세종에게 이 사건을 이야기하며 장미를 처벌하라고 말하기도 했어요. 장미가 어떤 처벌을 받았는지는 나오지 않았지만요.

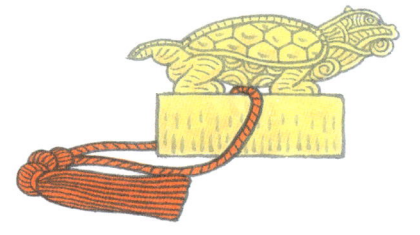

스스로 운명을 만들어 간
우씨 왕후

삼국 시대에는 남녀 차별이 심하지 않았나요?

과거에는 지금보다 여성의 지위가 훨씬 낮았다고 알려져 있어요. 여성이 집안일이 아닌 바깥일을 하는 것은 엄격하게 제한되었죠. 정치에 참여하는 것은 꿈도 꾸기 힘들었고요.

하지만 이런 여성 차별이 본격적으로 심해진 때는 조선 후기예요. 조선 전기, 고려 시대로 거슬러 올라가면 여성의 지위가 상대적으로 높았지요.

삼국 시대에 관한 기록은 많이 남아 있지 않아 정확히 알 수는 없지만, 여성의 지위가 조선 후기처럼 엄청나게 낮지는 않았다고 추측해요. 우리나라 역사에서 여성 왕이 등장했던 유일한 시기도 삼국시대잖아요. 선덕 여왕 알죠?

학교에서 배우지는 않지만, 고구려에는 두 명의 왕을 남편으로 두었던 여성이 있었어요. 심지어 두 번째 남편은 자신이 스스로 선택했지요.

그 여성은 스스로 자신의 운명을 만들어 나갔을 뿐만 아니라, 왕조차 함부로 대하지 못할 정도의 힘을 가졌던 우씨 왕후입니다.

남편이 죽은 뒤
다음 왕을 스스로 '선택'한 우씨 왕후

•

이번에 이야기할 사람은 우씨 왕후입니다. 왕후는 왕의 부인을 뜻해요. 우씨 왕후는 고구려의 아홉 번째 왕인 고국천왕의 부인이었어요.

고국천왕은 고구려 역사에서 아주 중요한 왕이에요. 왕의 힘을 강하게 만들면서 나라를 안정시켰고, 기록상 우리나라 최초의 가난한 사람을 돕는 법인 '진대법'을 만들었거든요. 나라에서 봄에 백성들에게 곡식을 빌려주고 가을에 갚도록 한 제도이지요. 하지만 여기서는 고국천왕보다 그의 왕비인 우씨 왕후 이야기를 해 볼까 합니다.

우씨 왕후의 집안은 상당히 힘이 셌어요. 고구려에는 왕후가 될 수 있는 부족이 따로 있었거든요. 우씨 왕후도 그 부족 출신이라서 자연스럽게 왕후가 되었지요.

그런데 그녀의 집안에 큰 사건이 벌어집니다. 왕후의 친척 몇몇 사람이 자신들의 힘을 이용해 다른 사람의 집을 빼앗고 그들의 자식을 노비로 삼았던 거예요.

얼마 지나지 않아 이 소식이 고국천왕의 귀에도 들어갑니다. 왕이 그들에게 화를 내자 왕후의 친척들은 반성하기는커녕 반란을 일으켰어요. 그들은 사람을 모아 왕이 있는 곳을 공격합니다.

고국천왕은 반란을 무사히 진압해요. 그는 우씨 왕후에게 책임을 묻지 않았지만 우씨 왕후의 입장은 엄청나게 난처해졌을 거예요.

또 우씨 왕후에게는 큰 문제가 있었어요. 자식이 없었

던 거죠. 옛날에는 자식이 없는 것을 큰 문제라고 생각했거든요. 특히 우씨 왕후는 다음 왕위를 이을 아들을 낳아야 했어요. 이때는 자식을 낳지 못하면 여성에게 책임을 돌리던 시대였습니다. 여러모로 우씨 왕후가 곤란해질 수밖에 없는 상황이었지요.

그러던 어느 날 고국천왕이 갑자기 세상을 떠납니다. 왕이 세상을 떠났다는 사실을 아는 사람은 아직 우씨 왕후밖에 없었어요.

원래는 왕이 죽으면 우씨 왕후의 아들이 다음 왕으로 즉위하겠죠. 하지만 그녀에겐 아들이 없잖아요. 결국 고국천왕의 동생 중 하나가 왕이 되어야 하는 상황입니다.

여러분이라면 어떻게 하겠어요? 사람들에게 왕의 죽음을 알리고 다음 왕을 누구로 세울지 의논하지 않을까요?

하지만 우씨 왕후는 적극적으로 자신의 삶을 만들어 나가는 사람이었어요. 그녀는 고국천왕의 죽음을 숨기고 밤에 조용히 궁궐을 빠져나가 고국천왕의 큰동생인 고발기를 찾아갑니다.

우씨 왕후는 고발기에게 고국천왕이 죽었다는 이야기

를 하지 않았어요. 그저 "왕이 자식이 없으니 당신이 뒤를 이어 왕이 되어야 합니다."라고만 말했지요.

한밤중에 형의 부인이 찾아와서 뜬금없는 이야기를 하니 얼마나 수상했겠어요? 또 다음 왕에 대한 이야기를 함부로 했다가는 반역죄로 처벌받을 수도 있잖아요.

고발기는 크게 화를 냈습니다. 이렇게 밤에 찾아와서

왕위에 대해 말하는 것이 무례하다는 거였죠.

그러자 우씨 왕후는 곧바로 떠나 고국천왕의 또 다른 동생 고연우에게 갑니다. 고연우는 밤에 찾아온 우씨 왕후에게 화를 내지 않고 오히려 크게 잔치를 베풀어 주었습니다. 우씨 왕후는 생각했겠죠.

'고연우가 왕이 되어야 내가 권력을 잡을 수 있겠구나.'

그제서야 우씨 왕후는 고연우에게 왕이 죽었다는 사실을 알립니다. 그러면서 원래는 고발기가 큰동생이라 왕위를 이어야 하지만, 난폭하고 무례해서 왕위를 물려받게 할 수 없었다고 말해요.

고연우는 자신에게 왕위를 물려주려는 우씨 왕후의 마음을 알아챕니다. 그때부터 더욱 예의를 갖춰서 우씨 왕후를 모시죠.

이튿날 우씨 왕후와 고연우는 함께 궁궐로 돌아가 신하들을 불러 모았어요. 그리고 고국천왕의 유언이라면서 이렇게 말합니다.

"고국천왕의 뒤를 이을 사람은 동생인 고연우다!"

정말로 고국천왕이 고연우에게 왕위를 물려주겠다고

했을까요? 그렇지 않았겠죠. 우씨 왕후가 유언을 만들어 내서 다음 왕을 결정한 거예요. 이렇게 왕이 된 고연우가 고구려의 열 번째 왕인 산상왕입니다.

화가 난 고발기는 군사를 이끌고 궁궐을 포위했어요. 그렇지만 고구려 사람들은 고발기를 따르지 않았습니다. 이미 정해진 왕인 고연우를 따랐던 거예요.

결국 고발기는 중국으로 도망쳤고, 나중에 고구려에 쳐들어왔다가 패배하고 부끄러움을 이기지 못해 스스로 목숨을 끊고 맙니다.

왕도 막을 수 없는 권력을 휘두른 우씨 왕후

●

우씨 왕후는 스스로 왕을 결정하면서 과거보다 훨씬 큰 권력을 누리게 되었어요. 산상왕이 왕이 될 수 있었던 것은 다 우씨 왕후 덕분이니까요.

산상왕은 우씨 왕후를 자신의 부인으로 맞이합니다.

또다시 왕후가 된 거예요. 하지만 우씨 왕후는 산상왕과의 사이에서도 아이를 낳지 못했어요.

그렇게 약 10년이 지난 어느 날이었어요. 고구려에서는 하늘에 제사를 지내는 큰 행사를 준비하고 있었지요. 그런데 제물로 바칠 돼지가 마구 달아나는 거예요.

제사를 맡은 사람이 돼지를 쫓아 한 마을로 들어갔어요. 하지만 막상 힘센 돼지를 어떻게 잡아야 할지 몰라서 멀뚱멀뚱 바라만 보고 있었습니다.

이때 스무 살쯤 된 아름다운 여인이 나와 돼지를 순식간에 확! 잡아서 움직이지 못하게 만들었습니다. 그리고 제사를 맡은 사람에게 돼지를 돌려주었어요.

이 소식을 들은 산상왕은 신기하게 생각해서 그 여인을 만나러 갔습니다. 여인의 이름은 후녀였어요. 산상왕은 후녀를 만나자마자 사랑에 빠집니다.

하지만 우씨 왕후가 가만히 있었을까요? 그녀는 참지 않았습니다. 남편이 왕이었는데도 말이죠. 우씨 왕후는 자객을 보내 후녀를 몰래 죽이려 했습니다. 후녀는 남장을 하고 도망치다가 따라잡히자 이렇게 말해요.

"너희가 나를 죽이는 것은 괜찮지만, 내 배 속에 있는 왕자까지 죽이려고 하느냐?"

자신이 산상왕의 아들을 임신했다는 이야기였지요. 그 말을 들은 자객은 후녀를 죽이지 못하고 물러납니다. 그 뒤로도 우씨 왕후는 후녀를 죽이려고 계속 시도했지만 결국 실패했어요. 후녀도 보통 사람은 아니었던 거죠.

후녀는 무사히 아들을 낳았고, 산상왕은 아들의 이름을 '교체(성 밖의 돼지)'라고 짓습니다. 교체는 자라서 왕이 되어요. 그가 고구려의 열한 번째 왕인 동천왕입니다.

그렇지만 우씨 왕후의 화는 풀리지 않았어요. 교체가 고구려의 태자가 되고, 심지어 왕이 된 후에도 계속해서 괴롭혔다고 해요.

역사책을 보면 우씨 왕후가 동천왕이 타는 말의 갈기를 자르고, 동천왕의 옷에 국물을 일부러 엎질렀다고 나와 있어요. 하지만 동천왕은 아무런 화도 내지 않았죠.

이렇게까지 심술을 부리는데 산상왕도, 동천왕도 아무 말도 하지 못했던 것을 보면 우씨 왕후의 힘이 얼마나 셌는지 추측할 수 있지요.

자신이 마지막으로 있을 장소를
스스로 '선택'한 우씨 왕후

•

시간이 지나 우씨 왕후도 세상을 떠날 때가 되었습니다. 고구려에서 왕과 왕후는 보통 죽은 뒤 같은 장소에 묻혔어요. 그런데 우씨 왕후는 고국천왕의 부인이기도 하고, 산상왕의 부인이기도 하잖아요.

이런 경우에는 먼저 결혼한 남편과 함께 장례를 치르는 것이 일반적이에요. 그러니까 고국천왕 곁에 묻어 주어야 하는 거지요.

하지만 우씨 왕후는 자신의 운명을 직접 만들어 나가는 사람이잖아요? 이번에도 자신이 묻힐 장소를 직접 선택했어요.

우씨 왕후는 "내가 고국천왕에게 잘못 행동한 것 같아 부끄러우니, 나를 산상왕 옆에 묻어 달라."라고 말합니다. 우씨 왕후의 무덤은 부탁대로 산상왕 옆에 세워졌지요.

그런데 얼마 뒤 한 무당이 동천왕을 찾아왔어요. 그는 어젯밤 자신이 돌아가신 고국천왕을 만났다며 이상한 이야

기를 전해 줍니다.

"고국천왕께서 우씨 왕후가 산상왕에게 가는 모습을 보고 화가 나서 왕후와 크게 싸웠습니다. 그런데 돌아와서 생각해 보니 너무 부끄러워서 다른 고구려 사람들을 볼 수가 없다고 합니다. 그래서 고국천왕께서 자신의 무덤을 남들에게 보이지 않도록 가려 달라고 부탁하셨습니다."

이 이야기를 들은 동천왕은 고국천왕의 무덤을 소나무로 가려 주었다고 합니다. 세상을 떠나면서도 두 왕 사이를 저울질한 우씨, 정말 대단하지 않나요?

큰★별쌤의 한마디

여러분이 보기에 우씨 왕후는 어떤 사람인 것 같나요?

조선 시대에는 남편을 두 명 두었다는 이유로 우씨 왕후를 매우 악한 여인이라고 평가했어요. 지금 우리가 보기에도 후녀와 동천왕에게 심술을 부리고, 심지어 죽이려고까지 했던 모습은 좋다고 말하기 힘들 수도 있지요.

하지만 우씨 왕후가 그저 나쁘기만 한 사람일까요? 그녀는 자신이 원하는 목표를 이루기 위해 적극적으로 행동했던 사람이에요. 스스로 자신의 운명을 만들어 갔던 거죠. 지금보다 여성의 지위가 낮았던 사회에서 이렇게 행동하기는 쉽지 않았을 거예요.

우씨 왕후와 마찬가지로, 여러분의 삶은 여러분 스스로 만들어 가는 거예요. 힘든 상황이 닥쳐와도 적극적으로 움직여서 행복한 삶을 만들어 내는 여러분이 되었으면 좋겠습니다.

두 나라를 세우는 데 큰 역할을 한 여성, 소서노

우씨 왕후가 두 왕의 부인으로 큰 권력을 휘둘렀다면, 그 이전에는 고구려와 백제 두 나라의 건국에 커다란 역할을 했던 여성인 소서노가 있습니다.

물론 소서노에 관한 역사 기록은 많지 않아요. 기록에 따라 고구려와 백제의 건국 과정에 소서노가 등장하지 않는 경우도 있지요.

그렇지만 《삼국사기》에서 전하는 이야기 중 하나에 따르면 소서노는 졸본 지역 사람인데 우태와 결혼해 비류와 온조라는 아들을 얻었다고 해요. 그런데 우태가 일찍 죽으면서 혼자가 되었지요.

이때 주몽이 부여에서 도망쳐 졸본으로 내려왔습니다. 소서노는 주몽과 결혼해서 고구려를 세우는 데 큰 도움을 주어요. 소서노의 집안에는 재물이 많았는데, 주몽을 위해 그 재물을 사용했던 거죠. 주몽도 비류와 온조를 친아들처럼 여기며 아꼈어요.

그런데 어느 날 주몽이 부여에 살 때 낳은 친아들 유리가 찾아왔어요. 그러자 주몽은 비류와 온조 대신 유리를 후계자로 삼으려 했죠.

소서노는 비류, 온조와 함께 고구려를 떠나 남쪽으로 내려갑니다. 그리고 한강 유역에 백제가 세워지는 데 힘을 보탰지요. 소서노는 우리가 잘 알고 있는 두 나라, 고구려와 백제의 건국 과정에서 빼놓을 수 없는 역할을 한 거예요.

가난한 온달을 선택한
평강 공주

옛날 사람들도 지금처럼 연애하고 결혼을 했나요?

옛날 사람들도 당연히 오늘날의 우리처럼 누군가를 사랑하고 연애도 했겠죠? 지금까지도 전해지는 역사 속 유명한 사랑 이야기가 여럿 있답니다.

하지만 옛날에 높은 신분을 가진 사람은 자유롭게 연애하고 결혼하기가 쉽지 않았어요. 결혼을 통해서 자신들의 권력을 더욱 강화하려 했거든요. 그래서 자녀들이 마음대로 결혼하도록 내버려 두지 않았지요.

그런데 고구려 역사에는 가장 높은 신분인 왕의 딸로 태어났는데도 스스로 결혼할 사람을 선택하겠다면서 가출까지 했던 사람이 있어요. 그 사람이 '바보온달'과 결혼한 평강 공주입니다.

가난한 바보온달을 남편으로 '선택'한 평강 공주

고구려의 스물다섯 번째 왕인 평원왕에게는 작은 일에도 쉽게 울음을 터뜨리는 울보 평강 공주가 있었어요. 평원왕은 매번 울어 대는 공주를 보면서 곤란해하다가 공주의 울음을 멈출 좋은 아이디어를 떠올립니다.

왕은 평강 공주에게 다가가 이렇게 말했어요.

"이렇게 울음이 많아서야, 나중에 어른이 되어도 훌륭한 집안의 사람과 결혼하기는 힘들겠구나. 나중에 '바보온달'과 결혼시키겠다!"

그러니까 공주가 울음을 뚝 그칩니다. 아니, 도대체 '바보온달'이 누구길래 그랬을까요?

온달은 고구려의 수도 평양에서 모르는 사람이 없을 정도로 유명한 사람이었어요. 가난한 집에서 태어나 어머니를 모시고 구걸하면서 살았거든요. 온달은 외모가 못생겼다는 이유로 놀림을 받기도 했습니다.

가난한 온달은 공부를 할 기회도 얻지 못했어요. 그래서 사람들은 온달을 보고 '바보온달'이라고 부르며 비웃었습니다.

평원왕 역시 정말로 평강 공주를 온달과 결혼시키려고 한 말은 아니었지요. 왕은 평강 공주의 울음을 그치기 위해 종종 '바보온달' 이야기를 꺼냈습니다.

그렇게 시간이 지나 평강 공주도 결혼할 나이가 되었어요. 평원왕은 공주를 잘나가는 귀족의 아들과 결혼시키려 했습니다. 하지만 평강 공주는 어릴 때 아버지가 했던 말을 기억하고 있었어요. 평강 공주는 왕에게 자신의 생각을 당당하게 말합니다.

"아버지께서는 항상 저에게 온달의 아내가 되어야 한다고 말씀하셨는데, 이제 와서 다른 소리를 하십니까? 평범한 사람들도 거짓말을 하지 않으려고 하는데 왕이 거짓

말을 하면 어떡합니까? 저는 온달과 결혼하겠습니다."

아마 평원왕은 황당했을 거예요. 정말로 온달과 결혼을 한다니요. 신분으로 봐도, 재산으로 봐도 절대 허락할 수 없는 일이었지요. 왕은 크게 화를 냈습니다.

"네가 내 명령을 따르지 않으면 이제 내 딸이 아니다! 온달과 결혼하고 싶으면 궁궐을 떠나거라!"

여러분이라면 어떻게 하겠어요? 공주로 누리던 모든 것을 버리고 가난한 온달을 만나기 위해 궁궐을 떠날 수 있을까요? 하지만 평강 공주는 그 길을 선택합니다.

평강 공주는 자신이 차던 비싼 팔찌 수십 개를 팔에 차고 혼자 궁궐을 나섰어요. 그리고 사람들에게 온달의 집을 물어 찾아갔지요. 허름한 온달의 집에는 앞을 보지 못하는 온달의 늙은 어머니만 있었어요.

공주는 어머니에게 온달과 결혼하러 왔다고 말합니다. 그러자 어머니가 손사래를 쳤어요. 자신이 앞을 볼 수는 없지만 목소리를 들으니 귀한 분 같은데, 우리 아들은 가난하고 못생겨서 가까이 지낼 만한 사람이 아니라고요.

하지만 공주는 온달이 있는 곳까지 찾아가 끝끝내 그

를 만납니다. 공주는 온달에게 당신과 결혼하러 왔다고 말해요. 그런데 웬일, 온달이 오히려 벌컥 화를 냅니다.

"넌 사람이 아니라 여우 귀신인 게 분명해! 더 이상 나한테 다가오지 마!"

평강 공주를 보고 자신을 홀리러 온 귀신이라고 착각한 거예요. 그럴 만도 한 것이 갑자기 높은 신분으로 보이는 여성이 뜬금없이 나타나 자신과 결혼하러 왔다잖아요. 정말 귀신처럼 보이지 않았을까요? 온달은 공주에게 소리친 다음 뒤도 돌아보지 않고 도망칩니다.

하지만 이쯤 되면 여러분도 평강 공주의 성격을 알겠죠? 공주는 절대 포기하지 않았어요. 혼자 온달의 집 대문 앞에서 잔 뒤 아침에 다시 집으로 들어가 온달과 그의 어머니를 만납니다.

이번에도 온달의 어머니는 손사래를 쳤어요. 귀하신 분을 우리 집으로 시집오게 할 수 없다고요. 온달은 여전히 평강 공주가 무서웠는지 가만히 지켜보고만 있었고요.

그렇지만 평강 공주는 결국 어머니와 온달을 설득하고 결혼 승낙을 얻어 냅니다.

지금까지 평강 공주의 모습을 보면 정말 의지가 대단하다는 생각이 들어요. 사실 온달이 한 일은 없잖아요. 평강 공주가 자신의 의지로 궁궐을 나가고, 온달을 찾고, 결혼까지 성공했지요. 어머니와 온달을 설득하면서 평강 공주가 했던 말도 참 멋집니다.

"우리가 마음만 같다면, 어찌 반드시 부귀해진 다음에야 함께할 수 있겠습니까?"

바보 온달을 장군 온달로 만들어 낸 평강 공주

평강 공주에게는 온달을 어엿한 장군으로 만들겠다는 꿈이 있었습니다. 그렇지만 온달이 당장 고구려에서 장군이 되기는 어려웠어요. 온달은 무술을 배운 적도 없고, 글을 읽지도 못했으니까요.

평강 공주는 온달에게 시장에서 말을 한 마리 사 오라고 말합니다. 대신 아무 말이나 사지 말고, 나라에서 키우던

말 중에서 병들고 약해져서 내놓은 말을 데려오라고 당부해요.

 나라에서 기르는 말은 훈련을 잘 시킵니다. 이미 훈련이 되어 있으니 잘 먹이고 길러서 건강해지면 다른 말보다 뛰어난 말이 될 수 있었지요.

 온달이 공주의 말대로 말을 사 오자 공주는 말에게 부지런히 먹이를 주며 튼튼하게 기릅니다. 또 온달에게 공부

도, 무술도 가르치면서 기회가 오길 기다렸어요. 온달이 왕의 눈에 띄어 장군이 될 수 있도록 말이에요.

　고구려에서는 매년 봄 3월 3일에 사냥 대회가 열렸어요. 왕과 신하들이 다 참여하는 큰 대회였지요. 평강 공주는 온달을 이 대회에 내보냅니다. 지금까지 열심히 기른 말과 함께 말이에요.

　이 사냥 대회에서 가장 뛰어난 활약을 보인 사람은 온

달이었습니다. 사냥을 어찌나 잘하던지 따라올 사람이 없었지요. 평강 공주의 특별 훈련이 효과를 본 거예요. 평원왕은 온달을 불러 이름이 무엇이냐고 물었어요.

온달이 자신의 이름을 말하자 평원왕은 깜짝 놀랍니다. 동네방네 바보라고 소문이 났던 온달이 이렇게 훌륭한 청년이 되어 있다니, 믿을 수가 없었지요.

평원왕은 일단 온달을 군인으로 뽑고 지켜보기로 했어요. 아직 온달이 뛰어난 장군감인지 알 수 없으니까요. 사냥만 잘하는 것일 수도 있잖아요?

이때 중국에서 군대를 이끌고 고구려로 쳐들어옵니다. 평원왕이 직접 전투에 참여해야 했을 만큼 중요한 싸움이었어요. 여기서 온달은 맨 앞에 서서 용감하게 싸웁니다. 앞장서서 나가 적군 수십 명을 쓰러뜨렸다고 하지요.

평원왕도 이제는 온달을 인정하지 않을 수 없었어요. 왕은 온달을 앞에 세우고, "이 사람이 내 사위다!"라고 선포했습니다.

모두가 바보라고 놀려 댔던 온달은 이렇게 왕의 정식 사위가 되었어요.

관을 어루만지며
온달을 움직인 평강 공주

•

평원왕에게 인정받고 정식으로 사위가 된 온달. 얼마 후 평원왕은 죽고 아들인 영양왕이 왕위를 이어받습니다. 평강 공주와는 남매 사이였겠죠.

당시 고구려와 신라는 치열한 전쟁을 벌이고 있었어요. 특히 오십여 년 전에는 신라의 진흥왕이 고구려를 공격해 한강 북쪽 땅을 빼앗아 간 적도 있었지요. 온달은 자신이 앞장서서 그 땅을 되찾아 오겠다고 말합니다.

온달은 고구려군을 이끌고 신라를 공격하러 가면서, "신라에 빼앗긴 땅을 되찾지 못한다면 돌아오지 않겠다."라고 굳게 맹세했어요.

그렇지만 신라와의 전쟁은 쉽지 않았던 모양이에요. 중국과 벌인 전투에서 큰 공을 세웠던 온달이지만, 신라와 치열하게 싸우던 도중 화살에 맞아 전사하고 말지요.

하지만 여전히 온달은 신라에 빼앗긴 땅을 되찾기 전까지 돌아갈 생각이 없었던 것 같아요. 사람들이 죽은 온달

을 관에 넣고 고구려로 돌아가려 했는데, 아무리 힘을 써도 관이 움직이지 않았다고 합니다.

사람들이 당황했을 때 평강 공주가 나섰습니다. 공주는 온달이 누워 있는 관을 어루만지며 이렇게 말했어요.

"죽고 사는 것이 이미 결정되었어요. 돌아갑시다!"

그제서야 관이 움직였다고 합니다. 온달이 고구려의 옛 땅을 되찾기 위해 얼마나 강한 의지를 불태웠으면 이런 이야기까지 남아 있을까 싶어요.

모두에게 놀림받던 '바보온달'. 하지만 그는 역사책에 이름이 남을 만큼 고구려 역사에서 중요한 역할을 한 장수로 성장했습니다.

김부식은 이런 온달을 주인공으로 삼아 《삼국사기》의 〈온달전〉을 썼어요. 하지만 사실 이 이야기의 주인공은 평강 공주라는 생각이 듭니다. 직접 온달을 찾아가 결혼을 하고, 온달에게 무술을 배우게 해서 왕에게 인정받도록 하고, 결국 어엿한 고구려의 장수로 만들었으니까요.

큰★별쌤의 한마디

사실 엄격한 신분 사회에서 한 나라의 공주가 구걸하며 생활할 정도로 가난한 사람과 결혼한다는 것은 거의 있을 수 없는 일입니다.

아마 평강 공주와 결혼한 온달이 귀족 출신이 아니었기 때문에 사람들 사이에서 화제가 되었고, 입에 오르내리며 이야기가 조금 부풀려졌을 수도 있을 것 같아요.

어찌 되었든 역사책에 기록된 평강 공주는 귀족과의 결혼을 뿌리치고, 왕족이라는 자신의 높은 신분마저 버려둔 채 온달을 찾아갔습니다. 그리고 사람들에게 놀림을 받던 온달이 훌륭한 고구려의 장군으로 성장할 수 있게 힘을 보탰어요.

평강 공주는 지혜와 용기, 그리고 굳은 의지를 가진 사람이에요. 아마 여성이 자유롭게 사회 활동을 할 수 있었던 시대가 아니었기 때문에 평강 공주의 능력이 남편인 온달을 통해 실현된 것이 아닌가 하는 생각이 듭니다.

우리는 때때로 힘이 들면 주변 환경을 탓하며 핑계를

대곤 합니다. 하지만 평강 공주는 온달의 어려운 상황을 탓하지 않고 자신의 의지와 노력으로 온달을 성장시켰어요.

여러분도 자신이 처한 환경을 탓하며 쉽게 포기하지 않았으면 합니다. 그보다는 긍정적이고 적극적인 마음을 갖고 자신의 목표를 향해 나아간다면 어려운 상황을 이겨 낼 힘을 얻을 수 있을 거예요.

온달이 하루 만에 쌓은 성이 있다고?

◆

충청북도 단양에는 온달과 관련된 전설이 많이 남아 있어요. 단양에 온달 이야기를 바탕으로 만든 온달 관광지가 만들어질 정도지요. 그중 단양에 있는 성인 온달산성은 온달 장군이 신라군과 싸우다 전사한 곳이라고 전해져요.

그런데 이 온달산성을 온달이 신라군을 막기 위해 하루 만에 직접 쌓았다는 이야기도 전해지고 있어요. 온달이 여동생과 함께 성을 쌓았다고도 하고, 평강 공주와 함께 성을 쌓았다고도 합니다. 온달이 열심히 돌을 던지고, 평강 공주가 돌을 쌓아 성을 만드는 방식으로요.

온달산성 근처에는 온달이 들어가 몸과 마음을 갈고닦았다고 전해지는 온달동굴도 있습니다. 온달이 온달산성을 쌓느라 돌을 잔뜩 빼냈더니 동굴이 생겼다는 이야기가 전해져요. 근처의 절터에는 온달이 가지고 놀았다는 엄청난 크기의 공깃돌도 남아 있습니다.

당연히 이 이야기들은 사실이 아닐 거예요. 온달산성은 사람 한두 명이 쌓을 수 있는 크기가 아니거든요. 동굴이나 공깃돌도 온달과는 관련이 없을 가능성이 높지요. 그렇지만 이런 이야기를 통해 단양에 살던 사람들이 온달을 얼마나 특별하게 여겼는지 알 수 있습니다.

2부
누구 앞에서든 당당할 수 있는 용기

신라를 구한 기술자 구진천

우리가 배운 지식을 어떻게 사용해야 하나요?

오래전부터 사람들은 살아남기 위해서, 더욱 편리하게 살기 위해서 다양한 기술을 발전시켜 왔어요.

오늘날에도 인류의 발전을 위해 학자들은 다양한 기술을 개발합니다. 회사에서도 경쟁 회사보다 더 좋은 제품과 서비스를 제공하기 위해 끊임없이 새로운 기술을 연구하고 있고요.

여러분도 스스로 세운 목표를 달성하기 위해 능력을 발전시키고 있을 거예요. 그리고 언젠가는 내가 가진 기술이나 지식과 같은 능력을 어떻게 사용해야 할지 고민할 때가 찾아올 거랍니다.

　여러분이 엄청난 기술을 개발한 과학자가 되었다고 상상해 보세요. 우리나라와 경쟁하고 있는 다른 나라에서 많은 돈을 줄 테니 가지고 있는 기술을 넘기라고 하면 어떻게 할 건가요? 그런 상황에서 어떤 선택을 내릴 것 같나요?

　부유한 삶을 위해 기술의 비밀을 넘길 것이냐, 아니면 나라를 위해 비밀을 지킬 것이냐. 역사 속에도 그런 선택의 길목에 놓였던 사람이 있어요. 바로 신라의 무기 기술자 구진천입니다.

뛰어난 무기 제작 기술 때문에 당에 불려 간 구진천

•

당과 동맹을 맺고 백제를 멸망시킨 신라는 이어서 고구려마저 무너뜨립니다. 이제 정말로 삼국 통일이 코앞에 있는 상황이었어요.

　하지만 고구려가 멸망하자 당의 태도는 돌변합니다. 고구려 지역은 물론 백제와 신라 땅까지 차지해서 한반도를 전부 지배하겠다는 검은 속내를 드러낸 거예요.

한때는 삼국 통일이라는 목표를 이루기 위해 손을 잡았던 당이었지만, 이제 신라는 완전한 삼국 통일을 위해 당과의 전쟁을 준비해야만 했습니다.

그런 와중에 당에서 무리한 요구를 합니다. 고구려가 멸망한 바로 다음 해에 당 황제가 신라에서 제일가는 무기 기술자인 구진천을 내놓으라고 한 거예요.

당에서 구진천을 데려가면 신라는 큰 위기에 빠질 수도 있었어요. 구진천은 '노'라는 무기를 만드는 기술자였거든요.

노는 '쇠뇌'라고 불리기도 하는데요. 활에 방아쇠를 달아서 큰 화살을 멀리 쏠 수 있게 만든 무기입니다.

노는 일반 화살촉보다 두 배 더 길고 네 배 더 무거운 화살촉을 사용해요. 그래서 활에 비해 사격 속도는 느리지요. 하지만 사람이 쏜 활보다 훨씬 멀리 나가고, 목표물을 뚫는 위력도 대단했습니다. 적중률도 높아서 먼 거리의 적도 잘 맞힐 수 있었고요.

또 활은 사람이 직접 당겨서 쏘기 때문에 오랫동안 훈

련을 받지 않으면 정확하게 쏘기 어려웠어요. 반면 노는 방아쇠만 당기면 되어서 병사들이 쉽게 사용할 수 있었습니다. 잘만 사용하면 전투를 승리로 이끌 수 있게 해 주는 무기였지요.

노는 신라가 당을 상대할 때 없어서는 안 되는 무기이기도 했어요. 당 군대에는 말을 탄 병사인 기병이 많았지만, 신라군은 대부분 발로 뛰어다니는 보병이었거든요. 빠르게 달려오는 기병을 상대하기 위해서는 먼 거리에서도 강력한 공격을 퍼부을 수 있는 노가 꼭 필요했습니다.

특히 신라 최고의 기술자 구진천이 만든 노는 '천보노'라고 불렸어요. '보'는 걸을 때 발과 발 사이의 거리를 뜻하는 말입니다. 그러니까 천 보는 사람이 천 걸음이나 걸어가야 하는 굉장한 거리를 뜻하는 말이지요.

당시 일반적인 노가 백오십 미터 정도를 날아갔다고 하는데, 구진천의 천보노는 거의 칠백 미터를 날아갈 정도로 엄청난 성능을 지니고 있었습니다.

신라에서 사용하는 무기가 좋아 보였던 당 사람들은 '저걸 누가 만들었지?' 하고 알아봤어요. 그러다 구진천이라는 기술자의 존재를 알게 된 것이죠.

당은 앞으로 신라와 전쟁을 할 때 신라만 천보노를 가지고 있으면 자신들이 불리할 거라고 생각했어요. 그래서 똑같이 뛰어난 무기를 만들기 위해 신라에 기술자 구진천을 내놓으라고 요구한 것입니다.

신라도 당의 속내를 모르지는 않았을 거예요. 하지만 당장 당의 요구를 거절할 수는 없었던 신라는 결국 구진천을 보내 주게 되었습니다.

당 황제의 협박에도
무기를 만들지 않은 구진천

당에 간 구진천은 노를 만들라는 황제의 명령을 받았습니다. 그저 기술자일 뿐이었던 구진천이 어떻게 황제의 명령을 거스를 수 있었겠어요? 황제가 시키는 대로 하는 수밖에 없었지요.

드디어 구진천이 당에서 만들어 낸 노의 성능을 선보

이는 날이 되었어요. 황제와 관리들 앞에서 구진천은 노의 방아쇠를 당겼습니다. '팡!' 소리가 나는 동시에 모두 먼 곳을 바라봤을 거예요. 화살이 얼마나 멀리 날아갈까 잔뜩 기대하면서 말이죠.

그런데 이게 웬일입니까? 화살이 겨우 삼십 걸음 정도 날아간 뒤 힘없이 바닥에 떨어져 버린 거예요.

크게 실망한 황제는 구진천에게 따졌습니다.

"네가 만든 노는 천 걸음이나 나간다고 들었는데, 지금 만든 것은 겨우 삼십 걸음밖에 나가지 않는구나. 이게 어찌 된 일이냐?"

그러자 구진천이 대답했습니다.

"당에서 나는 나무를 사용해서 만들었기 때문인 듯합니다. 항상 사용하던 신라 나무보다 질이 나빠서 제대로 안 되는 것 같습니다."

들어 보니 그럴듯한 말이잖아요. 구진천이 신라 사람이니까 아무래도 신라 나무에 익숙할 수 있지요. 그래서 황제는 사람을 시켜 신라에서 나무를 가져와 다시 천보노를 만들게 했습니다.

두 번째 노의 성능을 시험하는 날이 되었어요. 황제는 다시 한번 기대했습니다. 신라에서 가져온 나무를 사용했으니 이번에는 제대로 된 결과가 나올 거라고 말이죠.
　하지만 새로 만든 노의 화살은 고작 육십 걸음을 날아가고 떨어졌습니다. 이전보다 조금 나아지긴 했지만 여전히 형편없는 수준이었어요.

화가 난 황제는 구진천에게 어떻게 된 거냐고 따졌습니다. 구진천은 이번에도 나무 핑계를 댔습니다.

"저도 잘 모르겠습니다. 아마도 바다를 건너오는 중에 나무가 습기를 잔뜩 머금어서 천보노가 성능을 발휘하지 못하는 것 같습니다."

구진천에 대한 기록은 이것이 끝입니다. 어디에서도 더 이상 그에 관한 정보를 찾을 수가 없어요. 중요한 사실은 신라와 당이 전쟁을 벌일 때 당 군대가 천보노를 사용했다는 기록이 남아 있지 않다는 거예요. 아마도 구진천이 끝내 천보노를 만들지 않았던 것이겠죠.

개인의 욕심 대신 나라의 이익을 '선택'한 구진천

당 황제의 요구를 거절한 구진천은 어떻게 되었을까요? 기록이 남아 있지 않으니 여러분이 뒷이야기를 자유롭게 상상해 볼 수 있을 것 같아요. 황제의 명령을 따르지 않았으니 구진천의 마지막이 좋지 않았을 거라고 조심스럽게 예상해 볼 수도 있겠죠.

만약 구진천이 당에서 자신의 기술을 펼쳤다면 좋은 대접을 받았을 것입니다. 극진한 대접을 받으며 잘 먹고 잘 살 수 있는 길이 열렸겠지요.

하지만 구진천은 알고 있었던 것 같아요. 천보노를 만드는 비밀이 당에 넘어간다면 자신의 나라인 신라가 위태로워진다는 사실을 말이에요.

곧 신라와 당의 전쟁이 벌어질 것만 같은 상황이잖아요. 그런데 이때 구진천이 당을 위해 천보노를 만들면 어떤 결과가 벌어질까요? 구진천이 만든 천보노에서 날아간 화살이 신라 병사들을 죽이게 되겠지요. 구진천은 자신이 목숨을 잃을지언정 수많은 신라 사람들을 살리기 위한 선택을 한 거예요.

이후 신라는 칠 년이라는 긴 시간 동안 당과 전쟁을 벌였습니다. 한반도의 작은 나라였던 신라가 세계에서 가장 큰 나라 중 하나였던 당에 맞서 싸운 거죠.

놀랍게도 신라는 여러 차례 큰 승리를 거두며 당을 몰

아낼 수 있었어요. 아마도 신라가 승리한 데에는 당시 최첨단 무기였던 천보노가 큰 몫을 했을 거예요.

구진천 같은 용기 있는 인물 덕분에 신라는 영토를 지키고 찬란한 문화를 발전시킬 수 있었습니다. 구진천의 선택이 수많은 사람을 살리고 역사를 바꾼 셈이에요.

큰★별쌤의 한마디

구진천은 자신이 어떤 선택을 내리는지에 따라 많은 재산과 높은 지위를 얻을 수도 있었지만, 끝까지 자신의 나라에 해를 끼치는 선택을 하지 않았습니다. 아마도 자신의 선택이 신라 사람들에게 어떠한 영향을 미칠지 깊이 고민했기 때문이겠지요.

한 사람 한 사람의 선택은 사회의 문화를 만들고, 문화는 다시 사람들에게 영향을 줍니다.

특히 사회를 이끄는 리더라면 자신의 선택이 주변에 어떤 결과를 불러올지 반드시 고민해 봐야 해요. 사회를 이끄는 사람의 선택은 더 많은 사람들에게 영향을 미치기 때문입니다.

　여러분도 나중에 시간이 지나면 우리 사회에서 크든 작든 어떠한 역할을 맡게 될 것입니다. 그때 자신의 결정이 주변에 어떤 영향을 미칠지 한 번 더 생각한다면 보다 건강하고 올바른 선택을 할 수 있을 거예요.

천보노와 완벽한 조합, 신라의 장창 부대

●

앞서 이야기한 구진천의 천보노 외에도 신라군은 당의 군대에 맞설 비장의 무기를 하나 더 가지고 있었어요. 바로 기다란 창으로 적을 공격하는 장창 부대였습니다.

당 군대에는 말을 타고 돌진해서 공격하는 기병 부대가 있었기 때문에, 신라군은 이를 방어할 전략을 세워야 했어요. 그래서 장창 부대와 천보노 부대가 함께 싸우는 전략을 세웠지요.

신라군 병사들은 '육화진법'이라고 해서 장창을 든 채 여섯 개의 꽃잎 모양 대형으로 서서 적과 맞섰습니다. 멀리서 그 모습을 보면 마치 고슴도치처럼 보였을 거예요.

신라군의 장창은 4.5미터에서 5미터 정도 길이로, 당시 어른들 키의 3배 가까이 되었습니다. 길이가 워낙 길다 보니 두 사람이 함께 창을 들었을 것으로 보여요. 뒷사람이 창 끝을 바닥에 대고 버텨 주면 앞사람은 창의 날이 위로 향하도록 해서 달려오는 말의 목이나 몸통을 조준하는 거예요.

장창이 말의 가슴이나 목을 찌르면 당의 기병은 말에서 떨어지거나 주춤하게 됩니다. 그러면서 뒤에서 오던 기병들까지 서로 엉키고 밀려서 속도를 낼 수 없게 되는 거죠.

이때 장창 부대 뒤편에 있던 천보노 부대와 궁수들이 적에게 화살을 날려 피해를 입혔습니다. 장창 부대와 천보노 부대의 완벽한 조합 덕분에 신라는 당을 상대로 성공적으로 싸울 수 있었다고 해요.

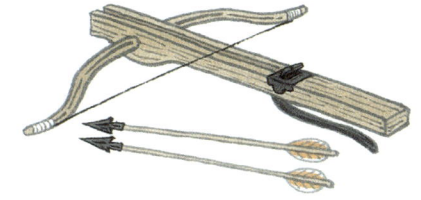

백성들의 슈퍼히어로 박문수

조선 시대의 임금은 얼마나 높은 사람인가요?

조선은 유교 정신을 바탕으로 세워진 나라였어요. 그래서 양반뿐 아니라 일반 백성들에게까지 유교의 가르침을 알리기 위해 노력했죠.

유교에서 정말 중요하게 가르치는 것 중 하나가 '질서'입니다. 특히 아랫사람과 윗사람 사이에는 지켜야 할 엄격한 질서가 있었어요. 나이가 많거나, 신분이 높으면 윗사람으로 대접을 받았지요.

그러면 조선에서 가장 위에 있는 사람은 누구일까요? 당연히 조선이라는 나라 전체를 다스리는 임금입니다. 그래서 누구도 임금 앞에서 함부로 행동할 수는 없었어요. 심지어 임금의 가족이라고 하더라도요.

신하나 백성들은 임금의 얼굴도 똑바로 바라보지 못했어요. 그만큼 조선 시대의 임금은 대단한 존재였습니다.

그래서 조선 시대에는 임금에게 지켜야 하는 예절이 정말 많았어요. 예를 들면 임금이 있는 곳으로 나아갈 때는 물건을 숨긴 채 들어가서는 안 됩니다. 그 물건이 임금의 생명을 위협하는 물건일 수도 있으니까요.

또 신하가 임금 앞에서 감히 말대꾸를 하기도 어려웠어요. 예의에 어긋난 행동이니까요. 말대꾸를 하려면 큰 벌을 받을 각오를 해야 했습니다.

그런데 앞서 말한 모든 무례한 행동을 임금 앞에서 거침없이 했던 관리가 있어요. 하지만 이 관리는 큰 벌을 받기는커녕 임금의 사랑을 듬뿍 받았습니다. 그 사람이 이번에 이야기할 '암행어사'의 상징 박문수입니다.

왕에게도 말대꾸를 했던
거침없는 신하 박문수

●

영화를 보면 특별한 능력을 지닌 슈퍼히어로가 등장할 때가 있어요. 위기의 순간에 나타나 사람들을 구해 주는 영웅 말이에요. 우리 역사에서는 '암행어사' 박문수가 그런 사람이었습니다.

암행어사는 임금의 명령을 받고 비밀스럽게 지방에 내려가 백성들을 괴롭히는 탐관오리를 잡아내고 백성들의 마음을 살폈던 관리입니다. 조선에는 수백 명의 암행어사가 있었어요. 그중에서도 암행어사의 상징이 된 사람은 단연 박문수지요.

그런데 여기서 반전이 있습니다. 사실 박문수는 암행어사였던 적이 없거든요. 정확히 말하면 신분을 밝히고 지역을 순찰하는 '어사'를 맡은 적은 있지만 암행어사를 맡은 적은 없어요.

그렇다면 암행어사가 아니었던 박문수가 암행어사를 대표하는 인물이 된 까닭은 무엇일까요? 그것은 박문수가 언제나 백성의 편에 서서 백성들의 어려움을 해결해 주었기 때문이에요. 백성들의 눈에는 그런 박문수의 모습이 영웅처럼 느껴졌겠지요.

하지만 백성들에게 사랑받았던 박문수는 다른 신하들에게는 엄청난 미움을 받았어요. 다른 신하가 그를 보고 '미치광이'라고 부를 정도였지요. 대체 박문수가 어떤 잘못을 했길래 그랬을까요?

어느 날, 조선의 스물한 번째 임금 영조와 박문수가 이야기를 나누고 있었어요. 영조는 박문수에게 나라의 상황이 어떠한지 물었지요. 당황한 박문수는 제대로 답을 하지 못했습니다. 영조는 박문수에게 학문이 부족하니 공부를 좀 더 해야겠다고 말했어요.

여러분이 박문수라면 뭐라고 대답할 것 같나요? 나라에서 가장 높은 사람이 하는 말이니 그냥 듣고 있지 않을까요? 하지만 박문수는 영조에게 이렇게 대답해요.

"요즘 학문은 겉만 번지르르해서 배우지 않은 것만 못합니다. 저는 학문이 없어도 부끄럽지 않습니다."

학문에 힘쓰라고 한 영조에게 말대꾸를 한 거예요. 박

문수는 그 뒤로도 영조와 한참 말다툼을 했다고 합니다. 임금의 얼굴도 제대로 쳐다보지 못하던 조선 시대의 신하치고는 정말 특이한 사람이었어요.

또 한번은 박문수가 경상도 지역으로 내려가 백성들의 생활을 살피고 돌아온 일이 있었어요.

그런데 임금 앞에 선 박문수는 갑자기 돌발 행동을 합니다. 그는 품속에 감춰 두었던 전복을 꺼내 임금 앞에 들이밀었어요.

이러한 행동은 조선 시대에는 절대 있을 수 없는 일이었습니다. 만약 위험한 물건을 가지고 왔다면 임금의 생명이 위험했을 수도 있잖아요. 당연히 다른 관리들이 난리가 났습니다. 한 신하는 당장 박문수에게 벌을 내려 달라고 요청할 정도였지요.

하지만 박문수가 이렇게 임금 앞에서 무례한 행동을 한 이유는 따로 있었습니다. 경상도 양산 지역을 다스리는 관리의 잘못을 폭로하기 위해서였어요. 양산 군수가 백성들이 힘들여 잡은 전복을 헐값에 사들인 뒤 비싸게 팔아 이득을 챙기고 있었거든요. 박문수는 양산 군수의 잘못을 보

여 주기 위해 품속에 전복을 넣고 온 거였어요.

이처럼 박문수는 누구 앞에서나 기죽지 않고 거침없이 말하고 행동하는 사람이었어요. 얼마나 성격이 거침없었으면 박문수를 '산짐승'에 비유하는 사람도 있었을 정도예요. 당연히 그를 미워하는 신하들이 많았지요.

그렇지만 영조는 이런 박문수를 정말 아꼈어요. 박문수처럼 꾸밈이 없고, 진심으로 나라를 걱정하는 신하는 없었거든요. 거칠지만 나라와 백성을 정말 사랑하는 관리. 이것이 박문수의 성격이었어요.

욕을 먹으면서도
관리들의 녹봉을 깎은 박문수

영조 때 심각한 가뭄이 들어 몇 해 동안 계속 흉년을 겪은 적이 있었어요.

조선은 주로 농사를 지어 먹고 사는 나라였어요. 흉년이 이어지면 농사를 짓는 백성들의 삶이 엄청나게 어려워질 수밖에 없었습니다. 실제로 몇 해 동안 흉년이 이어지자 나중에는 너무나 굶주린 백성이 시신을 먹는 일까지 벌어졌어요.

어사로 파견된 박문수는 백성들의 어려움을 해결하기 위해 팔을 걷어붙입니다. 탐관오리를 잡아들이고 백성들에게 자신들의 곡식을 나눠 주었지요.

어사 활동을 마치고 돌아온 박문수는 임금과 신하가 함께하는 회의 자리에서 관리들의 녹봉, 그러니까 월급을 깎자고도 주장합니다. 어려운 상황에서 관리들이 월급을 똑같이 받는 것은 말도 안 된다는 거였지요.

다른 신하들 입장에서는 굉장히 불만스러웠을 거예요. 가만히 있다가 날벼락을 맞게 생겼잖아요. 신하들은 박문수의 말을 못 들은 체합니다. 일단 지금 상황만 넘길 생각이었지요.

하지만 영조는 회의가 끝나기 전에 관리들의 녹봉을 깎으라는 명령을 내려요. 영조 역시 누구보다 백성들을 아끼고 사랑했거든요. 백성들의 비참한 삶을 그냥 두고 볼 수만은 없었죠. 이 사건 이후 박문수는 다른 관리들의 눈 밖에 나게 됩니다.

그런데 녹봉을 깎은 뒤에도 신하들은 특별한 대책을 내놓지 않았습니다. 혹시라도 자신이 피해를 볼까 봐 눈치만 보고 있었던 거예요. 그러자 박문수가 참지 못하고 한마디를 던져요.

"지금처럼 신하들의 정신 상태가 느슨한 적이 없었습니다. 다들 노예처럼 입을 다물고만 있으니, 어떻게 나라가 나라다운 나라가 되겠습니까?"

엄격한 신분제 사회에서 양반에게 '노예'라고 부르는 것은 당시에는 상상하기도 어려운 일이었어요. 다른 신하들도 난리가 났습니다. 이번에는 영조도 차마 박문수의 편을 들지는 못할 정도였어요.

그렇지 않아도 미움받던 박문수는 이 사건 이후 신하들 사이에서 미치광이로 찍히고 말았어요. 하지만 그 뒤로도 박문수는 기죽지 않고 백성들을 위한 정책을 계속 제안했습니다.

백성을 살리기 위해
직접 소금을 굽기로 '선택'한 박문수

●

박문수의 노력에도 불구하고 흉년은 계속되었습니다. 백성들의 고통은 점점 심해졌어요. 이렇게 흉년이 들면 나라에서 백성들에게 곡식을 나누어 주어 백성들을 도와야 했어요. 그런데 그동안 흉년이 계속되다 보니 나라에도 남는 곡식이 없었지요.

그런 상황에서 박문수가 다시 한번 거침없는 제안을 하고 나섰습니다. 박문수는 나라에서 소금을 구워 흉년에 시달리는 지역의 백성들에게 보내 주자고 주장했어요. 지금은 쉽게 구할 수 있지만, 조선 시대에는 소금이 정말 귀하고 비쌌거든요.

박문수는 바닷물을 이용해 소금을 굽고, 백성들에게 소금을 나누어 주어 곡식을 사게 하자고 주장했어요. 정말 기발한 아이디어 아닌가요?

그런데 그의 말을 들은 신하들의 표정이 어두워졌습니다. 소금은 임금의 친척들이나 일부 관청에서만 구울 수 있

었거든요. 귀한 소금을 지배층이 만들어 팔면서 재산을 불렸던 거예요.

지배층 입장에서는 당연히 박문수의 아이디어가 마음에 들지 않았겠죠. 자신들의 재산을 나누어 주는 것이나 마찬가지였으니까요. 여기저기서 불만스러운 반대의 목소리가 터져 나왔습니다.

그렇지만 여러분도 박문수의 성격이 어떤지 봤죠? 신하들의 반대 때문에 그가 고집을 꺾었을까요? 절대 그렇지 않았죠. 오히려 한술 더 떠서 이렇게 말합니다.

"소금 굽기도 때를 놓치면 안 됩니다. 저를 보내 주시면 힘을 다해 소금을 굽겠습니다."

회의하는 시간도 아까우니 얼른 내려가서 직접 소금을 굽겠다는 거였지요. 양반이 몸 쓰는 일을 하겠다니, 박문수를 바라보는 신하들의 마음은 더욱 불편했을 거예요.

이때 임금인 영조는 박문수의 편을 들어 줍니다. 머뭇거리지 말고 얼른 가서 일을 마치고 오라고 격려했어요.

허락을 얻은 박문수는 곧바로 내려가 소금 굽기에 매달렸어요. 결국 쌀 칠만 석과 바꿀 만큼 엄청난 양의 소금을 구워 냈지요. 덕분에 굶주린 백성들은 조금이라도 숨통이 트일 수 있었어요. 영조는 "박문수라서 할 수 있는 일이었다!"라고 칭찬하며 무척 기뻐했다고 합니다.

이렇게 지배층의 미움을 사는 일만 하다 보니 박문수의 관직 생활은 순조롭지 못했어요. 박문수를 모함하는 신하가 많았고, 그의 편에 서는 신하는 거의 없다시피 했습니다. 오로지 임금인 영조만 박문수를 믿어 주었죠.

하지만 임금 말고도 박문수의 편이 또 있었어요. 바로 백성들이었죠. 백성들은 언제나 자신들을 위해 일했던 박문수를 기억했던 거예요.

그랬기 때문에 박문수는 암행어사였던 적이 없지만 백성들 사이에서 마치 영웅과 같은 '암행어사 박문수'로 기억되었습니다.

'암행어사 박문수'의 영웅 이야기는 무려 삼백 편이 넘게 전해지고 있어요. 타협하지 않고 탐관오리를 찾아내 벌 주었던 암행어사의 이미지가 박문수와 너무 잘 어울리니까요. 박문수는 이렇게 두고두고 사람들의 기억 속에서 살아가는 인물이 되었습니다.

> **큰★별쌤의 한마디**

백성들이 만들어 낸 이야기 속에서 박문수는 요술을 부려서 탐관오리를 벌주기도 하고, 뛰어난 지혜로 백성들의 어려움을 해결해 주기도 합니다. 정말 영화에 등장하는 슈퍼히어로 같은 모습이에요.

이렇게 박문수의 이름이 이야기로 남아 전해지는 것을 보면 그가 얼마나 백성들에게 사랑받았는지 알 수 있습니다. 자신의 이익만 지키려고 노력하는 사람의 이름은 아무도 기억하고 싶지 않을 테니까요.

박문수는 살아서 다른 관리들에게 인정받지 못했지만, 우리는 그의 생각과 행동이 옳았다는 것을 알 수 있어요. 우리가 기억하는 이름은 다른 사람이 아닌 박문수니까요.

박문수를 이긴 어린아이의 지혜

◆

박문수가 산길을 걷고 있을 때였어요. 어떤 사람이 급하게 달려와 박문수에게 살려 달라고 애원했습니다. 박문수는 그에게 근처 풀숲에 숨으라고 말해 주었어요.

이윽고 험상궂게 생긴 사람이 다가와 누군가 도망치는 것을 보지 못했냐고 따져 물었어요. 박문수는 처음에 시치미를 뗐지만, 그 사람이 워낙 무섭게 따지는 바람에 숨어 있는 위치를 알려 주었어요. 결국 숨어 있던 사람은 잡혀가고 말았지요.

무거운 마음으로 어느 마을에 도착한 박문수. 그는 마을 어귀에서 아이들이 재판 놀이를 하는 모습을 보았습니다.

박문수는 사또 역할을 맡은 아이에게 다가가 방금 있었던 일을 털어놓았어요. 이럴 때는 어떻게 하면 좋겠냐고 물었지요.

아이는 그런 것도 모르냐며 박문수를 꾸짖었어요. 그러면서 앞을 못 보는 사람인 척했으면 되었을 거라고, 앞을 못 보는 사람에게 물어보지는 않았을 거라고 답합니다.

박문수는 아이의 지혜에 놀라면서 아까 그렇게 행동하지 못했던 것에 부끄러움을 느꼈다고 해요.

물론 이 이야기가 실제 있었던 일인지는 확실하지 않습니다. 백성들 사이에 떠돌던 박문수 이야기 중 하나지요. 어사 박문수를 사랑했던 백성들은 이처럼 그를 주인공으로 하는 수많은 이야기를 만들어 냈답니다.

집 나갔다 돌아온 천재
율곡 이이

힘든 일을 겪지 않을 방법은 없나요?

모든 일이 원하는 대로, 마음먹은 대로 되었으면 좋겠다고 생각한 적이 있나요? 내가 좋아하는 친구가 똑같이 날 좋아해 주고, 시험 점수도 공부한 것보다 잘 나오고, 게임에서도 늘 이겼으면 하는 마음 말이에요.

 그렇지만 실제로는 모든 일이 원하는 대로 풀리지는 않잖아요. 그래서 때로는 어딘가로 도망치거나 숨어 버리고 싶은 기분이 들 때도 있지요.

사람은 누구나 어려움을 겪어요. 하지만 그 어려움을 이겨 내는 과정을 통해 한 단계 성장할 수 있답니다.

우리가 사용하는 오천 원 지폐에는 율곡 이이의 초상화가 그려져 있어요. 율곡 이이는 조선을 대표하는 뛰어난 학자입니다. 높은 관직에 올라 나라를 위해 여러 개혁안을 제시하기도 했죠.

하지만 그런 율곡 이이도 엄청난 어려움을 겪었답니다. 심지어 괴로움을 견디지 못하고 가출하기까지 했는데요. 과연 그에게는 어떤 일이 있었던 것일까요?

어머니를 잃고 큰 슬픔을 느낀 천재 소년 율곡 이이

•

율곡 이이는 조선이 낳은 최고의 천재 중 한 사람입니다. 이이의 어머니는 우리가 잘 알고 있는 유명한 화가 신사임당이에요. 오만 원 지폐의 주인공 말이에요.

훌륭한 어머니 밑에서 가르침을 받으며 성장했기 때문일까요? 율곡 이이는 어린 시절부터 천재 소리를 들었어

요. 말을 배우자마자 곧바로 글을 읽었다고도 하지요.

율곡 이이는 어린 나이에 과거 시험에서 당당하게 합격하면서 자신의 뛰어난 재능을 세상에 널리 알렸습니다. 당시 과거 시험은 삼 년에 한 번만 치르는 데다, 경쟁률도 엄청나게 높았어요. 시험에 합격하기가 하늘의 별 따기만큼 어려웠죠.

그런데 이이는 겨우 열세 살의 나이로 과거 시험에 합격했어요. 이이는 무려 아홉 번의 과거 시험에 합격했는데요. 그래서 사람들이 그를 '구도장원공'이라고 부르기도 했어요. 아홉 번 장원 급제한 사람이라는 뜻입니다. 이쯤 되면 조선 시대의 진정한 '공부의 신'이라고 불릴 만하지요?

그런데 이렇게 뛰어난 재능을 지녔던 천재 소년에게도 인생의 첫 번째 어려움이 찾아오게 돼요. 열여섯 살 때 어머니가 돌아가신 거지요.

이이는 하늘이 무너지는 것 같은 슬픔을 느꼈어요. 어머니 신사임당은 그에게 말로 표현할 수 없을 정도로 특별한 존재였기 때문입니다.

신사임당은 지극정성으로 이이와 형제들을 돌봤고, 동

시에 사람들에게 인정과 존경을 받던 예술가였습니다. 또한 이이에게는 마음을 기댈 수 있는 버팀목이기도 했어요. 슬픔을 이기지 못해 밤낮으로 괴로워하던 이이는 방황을 겪고 맙니다.

방황을 끝내고 유학자의 길을 '선택'한 율곡 이이

조선 시대에는 부모님이 돌아가시면 장례를 치른 후 부모님의 무덤 옆에서 삼 년 동안 지내며 아침저녁으로 제사상을 올렸어요. 낳아서 길러 준 부모님의 은혜에 보답하기 위해서였죠. 이것을 '삼년상'이라고 불러요.

율곡 이이 역시 삼년상을 치렀습니다. 어찌나 정성스러웠는지 제사에 올릴 음식도 직접 장만했고 그릇 씻는 일까지 다른 사람에게 맡기지 않았다고 하지요.

그렇게 삼년상을 마치고 집에 돌아왔지만 여전히 이이의 마음은 어머니를 잃은 슬픔으로 가득했습니다. 게다가

금세 새어머니를 데려온 아버지를 미워하고 원망하는 마음도 생겼지요. 부모에게 효도해야 한다는 유교의 가르침을 지키기가 어려웠던 거예요.

아무리 뛰어난 재능을 지닌 천재라도 괴롭고 힘든 순간을 피할 수는 없었습니다. 결국 열아홉 살이었던 이이는 가출을 선택합니다.

그때 방황하는 이이의 마음을 위로해 주었던 종교가 바로 불교입니다. 불교 경전에는 모든 것이 마음먹기에 달려 있으며, 깨달음을 얻으면 괴로움에서 벗어날 수 있다는 내용이 담겨 있거든요.

이이는 금강산에 들어가 열심히 불교 공부를 합니다. 불교는 이이에게 엄청난 약점이 될 수도 있는 선택이었어요. 그 당시 조선은 '숭유억불'이라고 해서 유교만을 중요시하고 불교를 억눌렀거든요.

조선의 지배층은 백성들이 불교 대신 유교를 믿게 해서 부모에게 효도하고 나라에 충성하기를 바랐지요. 그러니 관직에 나아갈 사람이 불교 쪽으로 눈을 돌리는 것은 절대 있을 수 없는 일이었습니다.

그걸 알고도 절에 들어가 불교를 공부했을 정도라니, 이이의 괴로움이 얼마나 컸는지 알 수 있지요.

이이의 방황은 일 년 동안 계속되었어요. 그동안 그는 두 가지 마음 사이에서 고민했습니다. 힘든 현실을 벗어나고 싶은 마음과, 세상으로 나가 제대로 된 나라를 만들어 보고 싶은 마음 사이에서요. 오랜 고민 끝에 이이는 다시 유학자의 길을 걷기로 선택합니다.

이이는 가출을 끝내고 다시 현실로 돌아왔습니다. 방황하는 동안 이이는 단순히 괴로워했던 것이 아니에요. 그는 자신을 돌아보며 성장할 수 있는 시간을 가졌습니다.

조선의 현실을 개혁하는 다양한 방안을 내놓은 율곡 이이

관리가 된 이이는 이십여 년 동안 관직 생활을 하며 수많은 정책을 내놓았어요. 이이는 책 속에 들어 있는 지식에만 매달리지 않았어요. 현실적인 문제에 관심을 보이며 백성의 삶을 안정시킬 방법을 찾기 위해 노력했습니다.

이이가 보기에 조선 사회에는 여러 문제점이 있었어요. 조선이 세워진 지 이제 백 년이 다 되었는데, 나라가 세워질 때 만들어진 옛 제도가 여전히 남아 있었지요. 이런 낡은 제도가 백성들을 괴롭히고 있었기 때문에 이이는 시대에 맞는 새로운 제도를 만들어야 한다고 생각했어요.

이이는 만약 조선이 새로워지지 못한다면 외국의 침략을 받아 한순간에 무너질 수도 있다고 주장했습니다. 그래서 백성들이 군인이 되어 일하는 군역 문제를 개혁하고, 전쟁에 대비해 나라를 지키는 힘인 국방력을 강화해야 한다고 주장했습니다.

이이가 이러한 주장을 내놓았을 때는 임진왜란이 발생하기 십여 년 전이었어요. 그는 나라를 지키는 힘인 군대가 얼마나 중요한지 알고 있었던 것입니다.

이이는 다른 신하들이 임금의 눈치를 보며 입을 다물고 있을 때 거침없이 쓴소리를 했던 모습으로도 유명합니다. 상소문을 올려 조선의 문제점을 지적했고요. 임금의 친척이 권력을 휘두르며 횡포를 부릴 때는 임금에게 솔직하게 그 사실을 알리기도 했습니다. 어떻게든 나라를 올바른 길로 이끌려 했던 것이지요.

이이는 유학자로서도 뛰어난 업적을 남겼는데요. 그는 퇴계 이황과 함께 유학 사상 중 하나인 성리학을 조선에 맞게 연구하고 발전시켰습니다. 그리고 선조에게 임금이 어떻게 정치를 해야 하는지 정리한 《성학집요》를 지어 바치기도 했어요. 또 학문을 시작하는 어린이들을 위한 책인 《격몽요결》도 썼지요.

물론 이이가 주장한 개혁안은 받아들여지지 않는 경우가 많았어요. 변화를 원치 않는 신하들이 많았거든요. 당시에 이이의 주장은 너무 앞서 나간 정책이었지요. 하지만 이이가 세상을 떠난 후, 그의 제자들에 의해 이이의 개혁안이 다시 꽃피우게 됩니다.

사랑하는 어머니를 잃고 방황했던 율곡 이이. 그는 시련을 이겨 내면서 관리와 학자로서의 길을 계속 걸어갔습니다. 그리고 오늘날 어머니와 함께 나란히 우리나라를 대표하는 인물로 뽑혔지요. 어려움을 이겨 냈던 이이의 노력이 그를 역사에 길이 남게 한 거예요.

큰★별쌤의 한마디

우리는 율곡 이이의 이야기를 통해 조선 최고의 천재도 가출을 결심할 정도로 힘든 시기를 보냈다는 걸 알 수 있어요.

이이가 백성들을 위한 수많은 정책을 낼 수 있었던 이유는 과거에 겪었던 어려움을 슬기롭게 극복하면서 깨달음을 얻었기 때문이기도 합니다. 현실을 피해 도망치지 않고 더 나은 조선을 만들어 보겠다는 마음을 지니게 된 것이죠.

우리도 다양한 상황에서 어려움을 겪어요. 하지만 이런 어려움은 우리를 더욱 강하게 만들어 주는 기회이기도 합니다. 어려움을 어떻게 이겨 내고 극복하느냐에 따라서 더 나은 인생을 살아갈 수도 있는 거죠.

그러니 힘들더라도 포기하지 말고 도전해 봅시다. 아무리 힘들어도 계속 나아가다 보면 어느 날 원하는 목표에 다다른 여러분을 발견할 수 있을 테니까요.

신비로운 꿈 때문에 이름을 바꾼 이이

◆

율곡 이이의 이름과 관련해서 전해지는 신비한 이야기가 있어요. 이이의 어릴 적 이름은 이현룡이었어요. 어머니 신사임당이 꾼 태몽 때문이었는데요. 꿈속에서 금빛 목걸이를 목에 두른 검은 용이 바다로부터 날아와 침실 안으로 들어왔다고 해요. 그래서 검을 '현', 용 '룡'자를 써서 이름을 현룡이라 지은 것이지요.

이현룡이라는 이름이 이이로 바뀐 것은 열한 살 때였어요. 그 무렵 아버지 이원수가 갑자기 큰 병에 걸려 목숨이 위태로운 상황에 빠졌습니다.

그때 현룡은 조상들을 모시는 사당에 가서 아버지 대신 자신이 죽도록 해 달라고 간절히 기도했다고 합니다. 그리고 자신의 팔뚝을 찔러 아버지의 입속에 피를 흘려 넣었지요. 현룡의 피 덕분인지 아버지 이원수는 다시 기운을 되찾았다고 해요.

얼마 후 이원수는 꿈속에서 어떤 노인을 만나게 됩니다. 노인은 "나중에 당신의 아이가 위대한 학자가 될 것이니, 아이 이름을 매우 귀한 것을 뜻하는 글자인 '이(珥)'로 바꾸시오."라고 했습니다. 이원수는 노인의 말을 따라 현룡의 이름을 '이'로 고쳤어요.

그래서였을까요? 율곡 이이는 정말로 조선을 대표하는 위대한 유학자가 되었지요.

도끼를 든 선비
조헌

내 생각을 말했다가 상대방한테 미움받으면 어떡하죠?

때때로 우리는 당당하게 내 생각을 말하고 행동해야 해요. 잘못된 행동을 보면 옳지 않다고 비판할 수도 있어야 하고요. 모두가 어려워하는 일에 먼저 나설 수도 있어야 합니다.

하지만 그렇게 목소리를 내기 위해서는 용기가 필요해요. 우리는 어떤 행동을 할 때 다른 사람들의 눈 밖에 날까 봐 눈치를 살피게 되기도 합니다.

조선 시대에는 임금에게 바치는 글인 상소문을 올리면서 그 옆에

도끼를 함께 내려놓은 선비가 있었어요. "내 의견을 들어주지 않을 바에는 도끼로 내 목을 쳐라!"라는 식의 강한 의사 표현이었지요.

그는 임금의 미움을 받고, 다른 사람에게 비웃음을 당하기도 했지만 끝까지 자신의 뜻을 꺾지 않았습니다.

그 선비의 이름은 바로 조헌이에요. 지금부터 조헌의 이야기를 들어 봅시다.

스승의 가르침에 따라 올바른 말을 했던 조헌

조헌은 앞서 살펴본 율곡 이이에게 직접 가르침을 받은 제자들 중 하나였어요. 그는 평생 이이의 뜻을 따라서 살고자 했습니다.

이이도 잘못된 것을 보면 그냥 넘어가지 않고 올바른 말을 하는 사람이었잖아요? 조헌은 여기서 한발 더 나갑니다. 그는 올바른 일은 목숨을 바쳐서라도 반드시 행동으로 옮겨야 한다고 생각했어요.

조헌은 스물네 살의 이른 나이로 과거 시험에 합격하며 관직 생활을 시작합니다. 관리가 된 조헌은 조선의 임금과 신하들이 나라를 바르게 잘 다스리고 있는지 주의 깊게 살폈어요. 그러다 잘못된 점을 발견하면 곧바로 상소문을 올려 임금에게 자신의 의견을 전했습니다.

조헌은 자신의 의견이 받아들여지지 않는다고 해도 결코 포기하는 법이 없었어요.

당시 조선의 임금이었던 선조는 옳은 말만 하는 조헌을 미워해서 그의 상소문을 보지도 않고 태워 버리는 경우도 있었어요. 또 선조는 조헌을 먼 시골로 유배를 보내기도 했습니다. 그렇지만 그는 유배된 곳에서조차 상소 올리기를 멈추지 않았어요.

당연히 조헌의 관직 생활은 그리 순조롭지만은 않았지요. 하지만 조헌은 벌을 받는 것도, 임금과 다른 신하들에게 미움받는 것도 두려워하지 않았습니다.

상소문 옆에 도끼를 놓고
전쟁에 대비하자고 주장한 조헌

•

그러던 중 조선을 둘러싼 주변 나라들의 분위기가 심상치 않게 흘러갔습니다. 백 년 넘게 여러 세력으로 갈라져 싸우고 있었던 일본이 하나로 통일되었거든요.

일본을 통일한 도요토미 히데요시는 중국에 있는 명을 공격할 테니 조선이 길을 빌려 달라고 요청했습니다. 이는 조선을 침략할 구실을 만들기 위한 음흉한 제안이었어요. 그 밖에도 도요토미 히데요시는 여러 차례 조선에 무례한 태도를 보였습니다.

이 소식을 듣고 분노한 조헌은 일본과의 관계를 끊어야 한다는 내용의 상소문을 올렸습니다. 심지어 일본 사신의 목을 쳐야 한다거나 우리가 먼저 일본을 공격해야 한다는 식의 주장을 하기도 했지요.

하지만 며칠을 기다려도 임금에게서는 아무런 답변이 돌아오지 않았습니다. 그러자 조헌은 자신의 이마를 기둥 밑에 받쳐 놓은 돌에 찧었어요. 계속해서 이마를 돌에 부딪

쳤더니 결국 온 얼굴이 피투성이가 될 정도였다고 해요.

자신의 의견이 무시당했다는 사실에 화가 나서 그런 것은 아니었어요. 조선이 올바른 방향으로 나아가지 못하고 있다는 사실을 몸으로 표현했던 것입니다.

조헌은 곧 일본이 조선을 공격해 올 거라고 예상했어요. 준비가 되지 않은 상태에서 전쟁을 치르면 백성들이 고통받을 거라고 생각했지요. 하지만 그런 위급한 상황 속에서도 임금과 다른 신하들은 조헌과는 달리 느긋한 태도를 보일 뿐이었습니다. 너무나도 답답하고 애가 타는 일이 아닐 수 없었어요.

어느 날 조헌은 정성 들여 쓴 상소문과 함께 도끼를 짊어지고 궁궐 앞에 나타났습니다. '지부 상소'를 하기 위해서였어요.

지부 상소란 도끼를 지닌 채 상소를 올린다는 뜻인데요. 상소의 내용을 들어주지 않을 거라면 차라리 도끼로 자신의 목을 쳐 달라는 의미를 담고 있어요. 임금에게 상소문을 올리는 것치고는 거칠고 과격한 방식이지만, 그만큼 진실한 마음을 표현할 수 있었지요.

그러나 선조는 조헌의 상소를 들을 생각이 없었습니다. 선조의 눈에는 조헌의 진심이 보이지 않았던 거예요. 그저 허구한 날 상소를 올리며 비판만 해 대는 귀찮은 신하로 여길 뿐이었지요.

임금이 그의 상소를 귀담아듣지 않았지만 조헌은 포기하지 않았습니다. 그는 지방에 있는 관리들에게 보내는 편지를 썼어요. 앞으로 닥쳐올 전쟁에 대비해야 한다는 내용이었지요.

대부분의 사람들은 선조처럼 조헌의 말을 비웃었어요. 오직 황해도의 연안성을 지키던 신각 장군만이 조헌의 말을 귀담아들었습니다. 그는 조헌의 말대로 성을 고치고 무기와 식량을 준비해 두었죠.

이 덕분에 임진왜란이 일어나 사방에서 조선군이 패배하는 와중에도 신각이 이끄는 조선군은 연안성 전투에서 일본군의 공격을 막아 내고 승리를 거둘 수 있었어요. 나라를 걱정했던 한 신하의 진심이 전해져 올바른 판단을 이끌어 낼 수 있었던 거예요.

붓 대신 칼을 들고
마지막까지 싸우기로 '선택'한 조헌

•

조선은 건국 이후 약 이백 년 동안 큰 전쟁 없이 평화로운 시기를 보냈어요. 그래서 이이가 국방력을 강화하자고 주장했을 때도, 조헌이 일본의 침략에 대비해야 한다고 주장했을 때도 선조와 다른 신하들은 귀담아듣지 않았습니다.

하지만 얼마 지나지 않아 조헌이 걱정했던 것처럼 임진왜란이 일어났어요. 전쟁 준비가 철저하게 되어 있지 않았던 조선군은 새로운 무기인 조총을 앞세운 일본군에 무기력하게 무너져 내렸습니다.

당시 조헌은 관직에서 물러난 후 고향으로 내려가 제자들에게 학문을 가르치며 지내고 있었어요. 그는 선조가 원망스럽지 않았을까요? 일본이 쳐들어올 거라고 그렇게 외쳤는데 듣는 척도 하지 않았잖아요.

하지만 조헌은 불평하지 않고 묵묵히 전쟁에 뛰어들어요. 위기에 빠진 조선을 지키기 위해 붓 대신 칼을 들고 함께 싸울 의병을 모으기 시작했죠.

조헌은 "뜻을 굳게 세우면 귀신이 감동하고 사람들이 따를 것이다."라는 내용의 글을 써서 사람들의 마음을 움직입니다. 얼마 지나지 않아 천 명 정도 되는 의병이 조헌 앞으로 모여들었죠.

조헌이 일으킨 의병은 승려인 영규가 이끄는 승병과 함께 힘을 모아 일본군에게 빼앗긴 청주성을 도로 되찾는 기적을 일으켰어요. 무기도 변변치 않고, 제대로 훈련도 받지 못한 백성들의 군대가 일본군과 정면 대결을 해서 승리한 것입니다.

그 후 조헌은 전라도로 향하는 일본군을 막기 위해 금산으로 향했어요. 이때 조헌이 이끄는 의병은 겨우 칠백 명이었어요. 반면 일본군은 일만 오천 명이었지요. 단순하게 계산하면 의병 한 명이 스무 명이 넘는 일본군을 상대해야 하는 상황이었어요.

금산에서 조헌과 칠백 명의 의병은 마지막까지 죽기 살기로 저항했습니다. 단 한 사람도 도망치지 않고 일본군과 맞서 싸웠다고 해요. 결국 조헌을 포함한 의병 모두가 그 자리에서 전사하고 말았습니다.

비록 패배했지만 조헌과 의병들은 일본군에게 큰 피해를 입혔어요. 아무것도 아니라고 생각했던 백성들에게조차 이렇게 무서운 힘이 감춰져 있다니, 일본은 조선이라는 나라를 마냥 얕볼 수 없다고 생각하게 되었지요.

피해를 입은 일본군은 전라도 지역으로 곧바로 쳐들어가려 했던 계획을 바꾸게 됩니다. 그 덕분에 조선은 전라도 지역에 있는 풍부한 곡식을 일본군의 식량으로 빼앗기지 않을 수 있었어요. 조헌과 의병들이 목숨을 바쳐 싸운 덕분이었지요.

금산 전투가 끝나고 나흘 뒤, 조헌의 제자들은 세상을 떠난 칠백 명의 의병과 조헌의 시신을 모아 한곳에 묻고 커다란 무덤을 세워 주었습니다. 이 무덤을 '칠백의총'이라고 불러요.

임진왜란이 벌어졌을 때 수많은 양반들, 심지어 임금인 선조까지도 백성들을 팽개치고 도망쳤어요. 하지만 조헌은 백성들과 함께 마지막까지 싸우면서 진짜 올바른 행동이 무엇인지 보여 주었습니다.

이러한 조헌의 의지는 조선 전체에 널리 영향을 미쳤

어요. 조헌 이후로도 나라를 위해 목숨을 바치는 사람들이 끊임없이 나타났으니까요. 이렇게 한 사람의 과감한 말과 행동은 세상을 바꾸는 힘이 되기도 한답니다.

큰★별쌤의 한마디

조헌은 말로만 유학에 대해 떠들던 다른 지배층들과 달리 유학에 담긴 올바른 정신을 행동으로 옮기기 위해 노력했던 인물이에요.

조헌이 기둥의 받침돌에 자신의 머리를 찧고, 도끼를 든 채 상소문을 올렸을 때 다른 관리들은 그를 비웃었을 거예요. 아니면 너무 지나친 행동이라며 눈살을 찌푸리고 손가락질을 했겠지요.

하지만 조헌은 사람들의 눈치를 보지 않았어요. 오히려 더 당당하게 행동했습니다. 누군가 알아주기를 원해서 그런 행동을 한 것이 아니기 때문이에요.

조헌은 언제나 당당했고, 자신이 옳다고 생각하는 방

향을 향해 쭉 밀고 나갔습니다. 그런 고집스러운 모습이 결국에는 조선을 위기에서 구하는 힘이 되어 주었지요.

여러분도 다른 사람들 앞에서 자신의 생각을 말해야 할 때가 올 거예요. 그럴 때 부끄러워할 필요는 없어요. 오히려 조헌처럼 피하지 않고, 조금 더 과감하고 용기 있게 행동하는 여러분이 되길 바랍니다.

외할머니를 멀리했던 조헌

◆

조헌은 일찍 어머니를 여의고 새어머니 밑에서 자랐습니다. 새어머니는 조헌을 별로 사랑해 주지 않았다고 해요. 그래서 조헌은 힘든 어린 시절을 보냈습니다. 평범한 사람이라면 새어머니를 원망하는 마음을 가질 수 있었을 거예요. 하지만 조헌은 그렇지 않았습니다.

어느 날 조헌이 외할머니댁에 방문했을 때의 일이에요. 외할머니는 조헌에게 "네가 새어머니에게 구박을 받으니 마음이 아프구나."라고 하면서 눈물을 흘렸다고 해요.

하지만 그 이야기를 들은 조헌은 오랜 시간 외할머니를 찾아가지 않았다고 해요. 그러다 한참 만에 다시 외할머니댁을 방문했지요. 왜 자신을 찾아오지 않았느냐는 외할머니의 물음에 조헌은 이렇게 대답했습니다.

"어머니를 비난하는 이야기를 듣고 싶지 않았습니다. 그래서 오랫동안 찾아오지 않은 것입니다."

우리는 이를 통해 비록 자신을 구박하는 새어머니라고 할지라도 자식으로서 예의를 갖추려 했던 조헌의 모습을 확인할 수 있어요. 어린 시절부터 뼛속 깊이 효도를 중요시하고, 고집스러울 정도로 실천하려 했던 것이죠. 정말 조헌다운 모습 아닌가요?

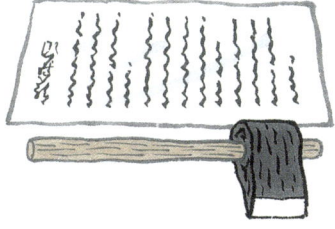

3부
내 안의 두려움을 뛰어넘는 용기

꺾이지 않는 마음
계백

계란으로 바위를 치면 어떻게 되나요?

속담 중에는 '계란으로 바위 치기'라는 말이 있습니다. 껍데기가 얇은 계란으로 단단한 바위를 치면 어떻게 될까요? 수백 번을 쳐도 계란만 깨질 뿐, 바위는 꿈쩍도 하지 않을 거예요.

그래서 이 말은 도전해도 이득이나 성과를 얻을 수 없는 일, 맞서도 이길 수 없는 상황에서 자주 쓰입니다. 예를 들어 운동 경기에서 전력이 약한 팀이 강한 팀과 맞붙어야 하는 상황 말이에요.

하지만 계란으로 바위 치기는 정말로 소용없는 일이기만 할까요? 안 될 것 같으면 빨리 포기하고 물러나는 것이 언제나 지혜로운 선택이라고 할 수 있을까요?

때때로 역사 속에서 우리는 절대로 해낼 수 없을 것 같은 불가능한 일에 도전해서 기적을 만들어 내는 '인간 승리'의 주인공을 만나게 됩니다.

특히 나라의 운명이 걸린 상황에서도 끝까지 포기하지 않고 적과 맞서 싸운 사람이 있어요. 바로 황산벌 전투로 유명한 백제의 계백 장군입니다.

위기에 빠진 백제를 위해
칼을 뽑기로 '선택'한 계백

7세기 중반, 한반도의 주도권을 차지하기 위한 고구려와 백제, 신라의 경쟁이 끝을 향해 가고 있었습니다. 신라는 백제와 고구려의 공격에 맞서기 위해 당에 군사를 요청했어요.

때마침 당도 여러 차례 고구려에 패배하면서 이를 갈고 있었기 때문에 신라의 제안을 기쁘게 받아들입니다. 이렇게 동맹을 맺은 신라와 당은 백제를 먼저 무너뜨린 후 고구려를 공격한다는 계획을 세웠어요.

이윽고 신라와 당의 연합군이 백제로 쳐들어갑니다. 당의 13만 대군은 기벌포를 통해, 신라의 5만 군사는 탄현을 통해 백제의 수도 사비성을 공격하기로 합니다.

당시 백제는 의자왕이 나랏일을 제대로 돌보지 않은 탓에 나라의 힘이 약해져 있었어요. 예상치 못했던 나·당 연합군의 공격이 시작되자 백제는 혼란에 빠집니다. 정신이 번쩍 든 의자왕은 황급히 대책을 마련하려고 했지만, 이미 많이 늦은 상황이었어요.

결국 의자왕은 장군 계백을 불러들여 중요한 임무를 맡깁니다. 나라가 위급한 상황이니 황산벌로 나아가 신라군의 진격을 막아 달라는 것이었어요.

계백은 빠르게 5천 명의 '결사대'를 이끌고 황산벌로 향합니다. 결사대는 '죽기를 각오하고 주어진 임무를 수행하는 군대'라는 뜻이에요. 그냥 싸우는 것이 아니라 어려운 상황에서 목숨을 바칠 각오를 하고 싸우는 거지요.

계백이 이끄는 백제의 5천 결사대는 자신들보다 열 배

나 많은 신라의 군대와 맞서 싸워야 했습니다.
 이런 상황에서 누구도 백제가 이길 거라고는 생각하지 않았을 거예요. 결사대의 임무는 신라군을 막으며 최대한 시간을 벌어 주는 것이었습니다.
 계백은 자신이 이끄는 5천 결사대가 이길 수 없는 싸

움을 해야 한다는 것도, 그
들 모두 살아남기 힘들다는
것도 알았을 겁니다. 하지만
그는 자신의 나라 백제를 위해
칼을 뽑기로 결심했지요.

아내와 아이들을 죽이고
전장으로 나간 계백

●

전쟁터로 나가기 전 계백은 가족들을 떠올렸습니다. 전쟁에서 패배하고 나라가 멸망하면 남아 있는 가족들에게 어떤 일이 벌어질지 걱정이 될 수밖에 없었거든요.

당시에는 전쟁에서 지면 패배한 쪽 장수의 가족들까지 해를 입는 일이 많았습니다. 적군의 손에 죽거나, 살아남더라도 노예가 되어 평생 고통 속에서 사는 경우도 있었죠.

때문에 계백은 자신의 손으로 직접 아내와 아이들의 목숨을 거두었습니다. 남편으로서, 또 아버지로서 아내와 아이들에게 칼을 휘두르는 장면을 떠올려 보세요. 정말 생각만 해도 가슴 아픈 일이 아닐 수 없어요.

가족을 죽인 계백의 결정은 지금 이 시대를 살아가는 우리들의 눈으로 보기에는 도저히 이해할 수 없는 일이에요. 당연히 이런 일이 일어나서도 안 되지요. 아무리 가족이라도 목숨을 마음대로 빼앗다니요.

하지만 우리는 계백이 가족을 자신의 손으로 죽였다는

사실에만 집중하기보다는 그것이 얼마나 절박한 선택이었는지, 그가 어떤 마음으로 그렇게까지 했는지 좀 더 들여다볼 필요가 있습니다.

가족들에게 계백은 남편이자 아버지였지만, 백제에서 계백은 5천 명의 결사대를 이끄는 장수였어요. 그것도 백제 최후의 방어막이 되어야 하는 엄청난 임무를 맡은 상황이었습니다.

만약 계백 자신이 겁을 먹으면 결사대 역시 겁을 먹게 되겠지요. 그래서 계백은 싸움에 나가기 전 가족을 먼저 희생시키면서 병사들에게 자신의 굳은 결심과 각오를 보여주었던 거예요.

계백은 나라를 위해 자신의 목숨뿐만 아니라 가족의 목숨도 내놓았습니다. 가족이 사라졌으니 더 이상 돌아갈 곳도 물러설 곳도 없었어요. 아마도 그는 죽음도 두렵지 않은 마음이었을 것입니다. 이제 죽을힘을 다해 싸울 일만 남아 있었지요.

황산벌 전투에서
기적을 만들어 낸 계백

●

계백과 5천 결사대는 백제의 운명이 걸린 곳, 최후의 방어선인 황산벌로 향했습니다. 황산은 지금의 충청남도 논산 지역이에요. 너른 들판이 펼쳐져 있는 곳이지요. 백제군은 황산벌에 방어할 수 있는 진영을 설치하고 신라군을 맞이했습니다.

계백은 전투가 시작되기 전 결사대를 향해 이렇게 말했다고 해요.

"옛날 구천이라는 사람은 5천의 군사로 70만 대군을 물리쳤다. 오늘 우리는 각자의 자리에서 최선을 다해 싸워 승리함으로써 나라에 보답하자!"

계백의 말에 백제군의 사기는 크게 올라갔습니다.

얼마 후 신라 최고의 장군 김유신이 이끄는 5만 신라군이 모습을 드러냈습니다. 백제와 신라 양쪽 모두 나라의 운명을 건 상황이었어요. 반드시 이겨야만 하는 싸움이었지요. 당연히 치열한 싸움이 벌어졌어요. 무려 하루 동안 네

번의 전투를 치렀다고 해요.

이때 놀라운 기적이 일어납니다. 네 번의 전투에서 모두 백제군이 신라군을 이긴 거예요. 신라군은 열 배나 많았지만 백제군의 철벽 방어에 가로막혀 한 발짝도 나아가지 못했죠.

사실 모든 상황이 신라군에게 유리했어요. 그렇지만 죽음을 두려워하지 않고 싸우는 계백과 결사대를 당해 낼 수 없었던 거예요.

예상하지 못했던 강력한 저항에 부딪힌 신라군은 주춤했습니다. 한시라도 빨리 백제의 수도인 사비성으로 진격해서 당 군대와 합류해야 하는데, 백제군의 저항으로 일정이 늦어진 것이지요.

그래서 신라의 지휘관들도 계백과 마찬가지로 신라군의 사기를 높이기 위한 방법을 찾습니다. 신라군을 지휘하는 장군들의 아들인 반굴과 관창을 적진 한가운데로 내보내 돌격하게 한 거예요.

반굴은 백제군 진영에 뛰어들어 장렬하게 죽음을 맞이했고, 관창도 백제군에 사로잡혔어요.

계백은 어린 나이인데도 용감하게 싸우는 관창을 불쌍하게 생각해 살려 보내 주었습니다. 하지만 관창이 또다시 싸움에 뛰어들어 사로잡히자 결국 그의 목을 베어 돌려보낼 수밖에 없었지요.

관창과 반굴의 죽음을 보고 분노한 신라군은 더욱 강하게 백제군을 공격했습니다. 이제는 백제군도 더 이상 신라군의 공격을 막아 내지 못했어요. 처음부터 백제군에게 불리한 싸움이기도 했고요.

결국 신라는 백제의 5천 결사대를 전멸시켰습니다. 계백도 이 전투에서 최후를 맞이했지요.

황산벌 전투 이후 백제의 수도 사비성이 나·당 연합군에 의해 함락되고 의자왕이 포로로 잡히면서 백제는 멸망하게 됩니다.

계백의 죽음과 함께 백제가 멸망했기 때문에 계백에 대한 역사적 기록은 거의 남아 있지 않아요. 언제 어디서 태어났고 어떻게 살아왔는지에 대해 전해지는 이야기도 없지요. 오직 《삼국사기》에 실린 황산벌 전투와 관련된 기록이 전부입니다.

그러나 우리는 그 기록을 통해서 이후 사람들이 계백이라는 사람의 의지를 얼마나 높게 평가했는지 확인할 수 있어요.

비록 백제라는 나라는 사라졌지만, 나라를 지키기 위해 최선을 다한 계백의 마지막 모습은 사라지지 않고 사람들의 마음속에 오랫동안 기억되고 있답니다.

큰★별쌤의 한마디

나라가 위태로운 순간에도 열 배나 되는 신라군을 맞이해 네 번이나 승리한 계백. 우리는 이를 기적이라는 말로밖에 표현할 수 없습니다. 과연 이러한 기적을 만들어 냈던 힘은 무엇이었을까요?

사람들은 누구나 이기는 싸움만 하고 싶어해요. 계란으로 바위 치기처럼 보이는 싸움이라면 미리 포기하고 싶은 기분이 드는 것이 당연하지요.

하지만 계백은 포기하지 않았어요. 그는 자신 앞에 주

어진 싸움에 모든 것을 걸고 최선을 다했습니다. 계백의 의지는 자신이 이끄는 5천 결사대의 용기를 북돋웠지요. 그들은 죽음을 두려워하지 않는 계백의 모습을 본받아 마지막 한 사람까지 싸우고 또 싸웠어요.

만약 계백이 어차피 질 거라고 생각하며 포기했다면, 도망쳐서 살아남기를 바랐다면 네 번의 승리는 불가능했을 거예요. 이처럼 어떤 순간에도 지지 않으려는 강력한 의지가 기적을 만들어 내는 힘이 아닐까요?

때로는 우리도 소중한 것을 지키기 위해 불가능해 보이는 상황에 맞서야 할 때가 있습니다. 그럴 때 계란으로 바위 치기처럼 보여도 한번 부딪쳐 보는 것은 어떨까요? 우리에게도 기적이 펼쳐질지 모르잖아요.

흰 말을 미끼로 용을 낚다?

◆

충청남도 부여 부소산 근처의 강가에는 바위가 하나 있습니다. 사람 한 명이 겨우 앉을 정도의 크기인 바위인데요. 이 바위에는 재미있는 전설이 전해져 오고 있어요.

나·당 연합군이 백제를 멸망시키기 위해 쳐들어올 때의 일입니다. 당군이 바다를 건너 백제 땅에 도착한 후 강을 거슬러 올라가고 있을 때, 갑자기 태풍이 불어 수백 척의 배가 뒤집히는 일이 벌어졌다고 해요. 당의 장군이었던 소정방은 이게 어떻게 된 일인지 알아보았지요.

그때 어떤 관리가 "이것은 강에서 백제를 지켜 온 용이 화를 낸 것입니다. 이를 물리치기 위해서는 용이 좋아하는 흰 말을 미끼로 용을 낚아 올리는 것이 좋겠습니다."라고 말했습니다.

소정방은 쇠를 두들겨 낚싯대를 만들고 용을 낚을 준비를 했습니다. 그런 다음 강 가운데 있는 바위에 앉아 말을 미끼로 해서 용을 낚았지요. 결국 용은 미끼를 삼켰다가 잡히고 말았다고 합니다.

바위 위에는 소정방이 낚시를 하기 위해 꿇어앉았던 자국, 용을 잡느라 힘을 쓸 때 생긴 밧줄 자국, 용이 발톱으로 할퀸 흔적 등이 남아 있다고도 합니다.

훗날 사람들은 소정방이 용을 낚은 바위를 조룡대라고 부르고, 흰 말을 미끼로 썼다고 해서 그 부근의 강을 백마강이라 부르게 되었어요.

상상 속의 동물인 용을 낚다니, 뭔가 소정방을 영웅처럼 보이도록 만들어 낸 이야기 같지 않나요? 훗날 조선의 학자인 정약용은 조룡대를 지나면서 "정말 황당한 이야기"라고 말하기도 했답니다.

노비 문서를 불태운
김윤후

고려는 왜 팔만대장경을 만들었나요?

팔만대장경은 몽골의 침입이라는 엄청난 어려움 앞에서 사람들의 마음을 하나로 모으기 위해 만든 불교 경전이에요.

정말 큰 어려움이 닥쳐올 때 '제발 이 순간만큼은 지나가게 해 주세요.' 하며 기도하는 경우도 있잖아요.

칭기즈 칸이 세운 몽골 제국은 당시 세계에서 가장 크고 강한 나라였어요. 고려뿐 아니라 어떤 나라도 힘으로는 상대가 되지 않을 정도였지요.

그래서 고려는 몽골이라는 엄청난 적을 물리치고자 하는 간절한 마음을 담아 무려 팔만 장이 넘는 나무판에 글자를 새겨 경전을 만들었어요. 이렇게 마음을 하나로 모아 정성을 다하면 부처님이 고려를 도와줄 것이라는 믿음을 담아서요.

그런데 이 무시무시한 몽골군을 상대로 두 차례나 큰 승리를 거둔 장군이 있습니다. 심지어 그는 원래 군인이 아닌 승려 출신이었어요. 바로 처인성 전투와 충주성 전투의 주인공인 김윤후입니다.

세계를 지배하는 대제국을 건설한 몽골의 고려 침입

●

몽골은 역사상 가장 넓은 영토를 차지한 대제국을 세운 나라입니다. 아시아를 넘어서 지금의 동유럽 지역까지도 정복했어요.

몽골의 군대는 정말 무시무시했습니다. 몽골군은 대부분 말을 타고 다니는 기병으로 이루어졌는데, 엄청나게 빠른 속도로 이동했어요.

몽골군은 이렇게 빠르게 이동하며 마을을 점령하고, 점령한 지역의 사람들을 마구잡이로 죽이고 마을을 약탈했어요. 몽골군이 점령한 도시는 완전히 파괴당해서 황무지로 변할 정도였습니다.

몽골군의 침입을 받았던 유럽 사람들은 몽골군을 '지옥에서 온 군대'라고 부르며 두려워했어요. 그만큼 많은 사람이 죽고, 큰 피해를 입었거든요.

이런 지옥의 군대가 고려로 쳐들어온 거예요. 고려와 몽골의 전쟁은 사십여 년 동안 수차례 이어집니다.

첫 번째로 몽골군이 침입했을 때는 살리타라는 장군이 수만 명의 군대를 이끌고 고려로 쳐들어왔어요.

고려는 몇몇 성에서 열심히 싸워 몽골군을 막아 내기도 했어요. 하지만 몽골군은 대부분의 중요한 전투에서 승리한 다음 고려의 수도인 개경을 에워쌌습니다.

이때 고려는 항복하겠다고 말하면서 몽골군을 돌려보냈어요. 어쩔 수 없는 선택이었죠. 나라가 멸망하는 것만큼은 막아야 하니까요. 하지만 정말로 몽골에 항복할 생각을 했던 것은 아니었어요.

몽골군이 돌아가고 일 년도 지나지 않아 고려는 갑자기 수도를 섬인 강화도로 옮깁니다. 몽골군은 육지에서는 최강이었지만 바다에서 싸우는 데는 익숙하지 않았거든요. 고려는 수도를 섬으로 옮기면서 몽골과 싸우겠다는 의지를 보여 주었어요.

하지만 이렇게 강화도로 들어가면 육지에 남은 백성들은 어떻게 될까요? 고려 정부가 외면한 백성들은 또다시 몽골군의 말발굽 아래 놓이게 됩니다. 이번에도 살리타가 수많은 몽골군을 이끌고 내려왔어요.

몽골은 이번에야말로 고려를 항복시키겠다고 생각했을 거예요. 몽골군은 고려 땅을 짓밟으며 지금의 경기도 용인 지역까지 순식간에 내려옵니다. 이러다가는 강화도만 빼고 모든 고려 땅이 몽골의 손아귀에 들어갈지도 모르는 상황이었죠.

몽골군은 기세등등하게 용인에 있는 작은 성인 처인성에 도착해요. 몽골군은 처인성 정도는 순식간에 점령할 수 있다고 생각했을 거예요. 그만큼 작은 성이었거든요.

이때 갑자기 몽골군 사이로 화살이 한 발 날아듭니다.

그러더니 얼마 지나지 않아 몽골군이 달아나기 시작했어요. 대체 어떻게 된 일일까요? 몽골군이 화살 하나에 겁을 먹었던 걸까요?

사실은 날아든 화살에 몽골군의 대장 살리타가 맞았던 거예요. 살리타가 화살에 맞아 목숨을 잃자 그렇게 무시무시했던 몽골군도 도망칠 수밖에 없었지요.

살리타의 목숨을 빼앗고 몽골군을 물리친 이들은 김윤후가 이끄는 부대였습니다. 더 놀라운 사실은, 김윤후가 정식 군인이 아니라 승려였다는 점이에요.

고려의 승려에서
장군의 길을 '선택'한 김윤후

•

김윤후는 원래 백현원이라는 절에서 수행하던 승려였어요. 그러다 몽골군이 쳐들어오자 처인성으로 몸을 피했습니다. 아마도 몽골군에 맞서 싸우기 위해 성안으로 들어간 것이 아닐까 싶어요.

김윤후는 리더십이 강한 사람이었어요. 그는 몽골군이 처인성으로 몰려오자 백성들을 데리고 힘껏 싸웁니다.

처인성은 둘레가 사백 미터 정도밖에 되지 않는 작은 성이에요. 수백 명만 들어가도 꽉 차 버릴 정도지요.

그리고 처인성은 평범한 지역이 아닌, '처인부곡'이라고 불리던 성이었어요. 고려에는 향·소·부곡이라고 불리는 지역이 있었거든요. 이 지역에 사는 사람들은 양인 신분이지만 여러모로 차별을 받았어요. 세금도 더 많이 내야 했고, 이사도 함부로 갈 수 없었죠.

그렇게 차별받던 부곡에 사는 백성들이 힘을 모아서 세계에서 가장 강한 몽골군을 물리치는 것도 모자라 대장인 살리타까지 죽인 거예요.

고려 정부는 살리타를 죽인 김윤후에게 높은 관직을 주겠다고 했습니다. 하지만 김윤후는 이를 거절했어요. 오히려 자신이 한 일은 없었다면서 다른 사람들에게 공을 돌렸지요.

나중에 처인부곡은 몽골군에 힘껏 맞서 싸운 공을 인정받아 처인현으로 지위가 올라갑니다. 그곳에 사는 백성들 역시 일반 양인과 같은 대접을 받게 되었죠.

처인성 전투 이후, 김윤후는 승려의 길을 포기하고 나라를 지키는 장군의 길을 선택하게 됩니다.

노비 문서를 불태우고
백성들과 함께 몽골군을 물리친 김윤후

처인성 전투에서 패배하고 물러간 몽골군. 하지만 몽골의 침입은 여기서 그치지 않았습니다. 몽골은 고려가 약속을 지키지 않았다며 계속해서 침략해 왔어요. 대체 고려가 어떤 약속을 지키지 않았던 것일까요?

당시 몽골은 전쟁을 끝내는 조건으로 고려에 두 가지를 요구했어요. 하나는 고려 왕이 직접 몽골 황제에게 가서 항복하라는 것이었고, 다른 하나는 강화도에서 나와 수도를 다시 개경으로 옮기라는 것이었지요. 두 가지 모두 고려가 들어주기 어려운 요구였어요.

이렇게 몽골은 무리한 요구를 하며 또다시 고려를 공격했습니다. 이번에 몽골군을 이끄는 대장은 칭기즈 칸의 조카였던 야쿠였어요.

몽골군의 침략에 고려는 손쓸 틈 없이 무너졌어요. 수많은 성이 함락되고 백성들의 집이 불타고 말았지요.

이윽고 몽골군은 충청도의 중심에 있는 충주성을 공격했습니다. 하지만 충주성에는 처인성 전투의 주인공 김윤후가 있었어요. 김윤후는 여기서도 백성들과 함께 열심히 싸워 몽골군을 막아 냈습니다.

그렇지만 이번에는 몽골군도 쉽사리 물러나지 않았어요. 성을 에워싸고 계속해서 공격해 왔습니다. 시간이 지나 먹을 것이 떨어지면 항복할 수밖에 없을 거라고 생각했던 거예요.

칠십 일이 지나자 정말로 성안에 있는 식량이 거의 다 떨어졌어요. 성에서 싸우는 병사들의 사기도 함께 떨어졌겠죠?

이때 김윤후는 힘들어하는 병사와 백성을 바라봤어요. 어떻게 하면 다시 힘을 내서 싸울 수 있을지 생각했을 거예요. 그러다 엄청난 결심을 합니다. 그는 병사와 백성들을 불러 모은 뒤 이렇게 말했어요.

"만약 너희가 힘을 내서 싸운다면, 아무리 천한 신분이라도 모두 관직을 받을 수 있도록 해 주겠다!"

그러고 나서 김윤후는 곧장 충주성에 있던 노비 문서를 가져와 불태워 버립니다.

김윤후의 행동을 본 병사들은 다시 목숨을 걸고 싸우기 시작했어요. 그전까지는 고려를 위해 열심히 싸워 봤자 특별히 달라질 것이 없었지만, 이제는 신분이 바뀔 수도 있잖아요. 특히 노비였던 사람들은 더더욱 열심히 싸울 힘을 얻었겠죠.

사람들이 모두 죽기를 각오하고 달려드니 제아무리 강

한 몽골군이라도 기세가 꺾일 수밖에 없었어요. 이번에도 김윤후가 이끄는 고려군에 막혀 후퇴하고 말았지요.

물론 충주성 전투의 승리가 곧 고려의 승리로 이어진 것은 아니었어요. 몽골군은 이후로도 고려 곳곳을 헤집고 다니며 파괴했습니다. 그렇지만 충주성을 지켜 내면서 고려는 몽골군이 더 이상 남쪽으로 내려오지 못하게 막을 수 있었지요.

전쟁이 끝난 후 김윤후는 자신의 약속을 지킵니다. 그는 충주성 전투에 참여했던 병사와 노비, 백성들이 관직이나 상을 나누어 받을 수 있도록 해 주었어요.

시간이 흘러, 몽골과 계속해서 전쟁을 치르며 국토가 황폐해지고 많은 백성이 죽게 되자 고려는 더 이상 버티기 어려워졌어요. 몽골 역시 고려와의 전쟁을 계속 이어 나가기 힘들었고요.

결국 고려는 몽골의 강화 제안을 받아들이고 개경으로 다시 수도를 옮깁니다. 이후 고려는 정치적으로 몽골의 간섭을 받게 되었지만, 나라의 독립과 풍속만큼은 지킬 수 있었어요.

만약 김윤후를 비롯한 백성들의 끈질긴 저항이 없었다면 고려는 멸망하고 말았을지도 몰라요. 고려 정부가 몽골과 싸우기 위해 강화도로 수도를 옮겼다고는 하지만, 고려 본토에 남겨진 백성들을 외면한 것도 사실이거든요.

어려운 상황 속에서 세계 최강의 몽골 군대를 상대로 포기하지 않고 백성들과 함께 맞서 싸운 김윤후의 리더십. 정말 멋지지 않나요?

큰★별쌤의 한마디

수십 년 동안 이어진 몽골과의 전쟁. 고려군은 몽골군보다 훨씬 약했지만, 김윤후는 병사와 백성들을 이끌고 몽골군을 상대로 두 차례나 귀중한 승리를 거둡니다.

충주성에서 김윤후가 노비 문서를 불태웠죠? 이 행동은 고려에서 큰 문제를 일으킬 수도 있었어요. 노비들의 주인이 가만있지 않을지도 모르는 일이잖아요.

하지만 김윤후는 무엇이 중요한지 아는 사람이었어요.

나라가 멸망할지도 모르는 위기에 빠졌는데 그깟 노비 문서, 그깟 신분 질서는 중요하지 않으니까요. 나라를 지키는 것이 가장 중요하지요.

리더는 책임지는 자리예요. 진짜 중요한 것이 무엇인지 알고, 그것을 위해 책임질 수 있어야 하지요. 나라에 충성하면서 백성들을 아꼈던 김윤후는 훌륭한 리더의 모습을 우리에게 보여 줘요.

여러분도 리더가 되고 싶나요? 그렇다면 김윤후의 모습에서 진짜 리더가 무엇인지 배우고, 주변을 잘 살피며 이끌어 가는 리더로 성장했으면 좋겠습니다.

김윤후 이전에도 충주성을 지켰던 노비들

◆

1253년 몽골의 침입 때 김윤후의 지휘 아래 몽골군을 물리친 충주성. 그런데 충주성은 몽골이 처음으로 쳐들어왔을 때도 몽골군을 막아 낸 적이 있는 곳이에요.

당시 충주를 다스리는 관리였던 유홍익과 우종주는 서로 사이가 좋지 않았다고 해요. 몽골군이 침략하자 어떻게 그들을 막을 것인지를 두고도 의견이 맞지 않아 엄청나게 싸워 댔지요.

하지만 몽골군을 막아 낼 방법을 두고 그렇게 싸우던 두 관리는 진짜로 몽골군이 들이닥치자 함께 도망쳐 버립니다. 성안에 있던 관리들도 모두 도망쳤고요.

충주성에는 병사 약간과 노비, 천민들만 남아 있었어요. 그들은 죽기 살기로 싸워서 겨우 몽골군을 물리칩니다.

전쟁이 끝나자 관리들이 돌아왔어요. 그러더니 노비들에게 관청에 있던 은그릇을 훔쳐 갔다는 누명을 씌웁니다.

몽골 군인들이 가져간 것인데 말이에요.

　노비들 입장에서는 너무 억울했겠죠? 열심히 싸웠는데 상을 주기는커녕 잘못을 뒤집어씌우니까요. 그래서 노비들은 실제로 반란까지 일으킵니다.

　반란은 곧 진압되었지만, 충주성에 살던 노비와 백성들이 느꼈던 배신감은 엄청났을 거예요. 백성들의 용기를 북돋우며 위기를 극복했던 김윤후와는 다른 고려 지배층의 모습도 있었네요.

일본의 심장을 저격한
안중근

우리나라는 어쩌다 일본의 식민지가 되었나요?

가끔은 조선이 문제가 많은 나라라서 일본의 침략이 없었더라도 어차피 멸망했을 거라고 말하는 사람들도 있어요. 하지만 이런 말은 결코 사실이 아닙니다.

조선 후기, 일본은 우리나라보다 먼저 나라의 문을 열고 서양 문물을 받아들였어요. 그리고 서양이 했던 방식대로 우리나라를 개항시키고 경제적인 부분부터 조선을 침략하기 시작했습니다.

우리나라도 스스로 강해지기 위해 다양한 개혁을 추진했어요. 그렇지만 힘센 나라들이 호시탐탐 우리나라를 노리고 있는 상황 속에서 개혁을 실행하기란 쉽지 않았지요.

일본은 청과의 전쟁, 러시아와의 전쟁에서 승리하며 경쟁자를 없앴고, 을사늑약을 강제로 체결하면서 우리나라의 외교권을 빼앗습니다. 이런 과정에 앞장선 사람이 이토 히로부미예요.

하지만 이때 나라를 일본에 빼앗기지 않기 위해 몸을 던져 싸운 분들이 정말 많습니다. 그중 한 분이 이토 히로부미를 총으로 쏘아 죽인 안중근 의사예요.

나라의 위기 앞에서
독립운동에 뛰어들기로 '선택'한 안중근

●

안중근은 어릴 때부터 말타기와 활쏘기를 아주 좋아했다고 합니다. 사격 솜씨도 뛰어났다고 해요. 이처럼 활발한 성격이었던 안중근은 청소년 시기부터 나라를 위한 여러 활동에 적극적으로 참여했습니다.

어린 시절 아버지를 따라 천주교 신자가 된 안중근은

천주교를 많은 사람들에게 전하기 위해 노력했어요. 그러던 중 사람들이 공부를 해서 지식을 깨우쳐야 나라가 강해질 수 있겠다는 생각을 했지요. 이때부터 그는 천주교 신부들과 힘을 합쳐 한국의 젊은이를 가르치는 대학교를 세우려 했습니다.

그런데 외국인 신부들은 전도에만 열심이었고, 대학교 세우는 일에는 별로 관심을 보이지 않았습니다. 안중근은 그들에게 크게 실망했죠. 그러면서 종교에만 의지하지 말고 스스로 독립운동 방법을 만들어 나가야겠다는 깨달음을 얻습니다.

당시 우리나라는 매우 혼란스러운 상황에 빠져 있었어요. 청, 러시아, 일본 등 외국 세력이 한국을 집어삼킬 기회를 호시탐탐 노리고 있었거든요.

그리고 시간이 지나 1904년, 한국을 노리던 일본과 러시아 사이에서 러일 전쟁이 벌어집니다. 전쟁에서 승리한 일본은 고종을 협박해 강제로 을사늑약을 맺어요. 을사늑약이 맺어지면서 한국은 사실상 일본의 식민지가 되고 말았지요.

이때 안중근은 한국 사람이 많이 살고 있는 중국의 상하이로 건너갔어요. 그는 이곳에 머무는 한국 동포들의 힘을 빌려서 나라가 일본에 넘어가는 것을 막으려 했습니다. 그래서 대한 제국의 고위 관리, 상인 등 여러 사람을 만나 함께 민족 운동을 하자고 설득했지요. 하지만 뜻대로 되지 않았어요.

엎친 데 덮친 격으로 상하이에 머물던 안중근은 아버지께서 돌아가셨다는 소식을 전해 듣습니다. 결국 안중근은 별다른 성과를 얻지 못한 채 다시 한국으로 돌아갈 수밖에 없었지요.

그렇지만 안중근은 여기서 포기하지 않았어요. 그는 이전부터 계획했던 교육 사업을 본격적으로 추진합니다. 안중근은 형제들과 힘을 합쳐 나중에 오산학교로 발전하는 삼흥학교를 세우고 한국 학생들을 교육하는 데 온 힘을 쏟았어요.

그는 학교 운영과 민족 운동에 필요한 돈을 벌기 위해 석탄을 채굴해 판매하는 광산 회사를 세우기도 했어요. 하지만 이때쯤 되면 일본이 한국을 거의 집어삼킨 상황이었

어요. 한국의 독립을 이루려는 안중근을 그냥 내버려둘 리가 없었죠.

일본의 방해 때문에 안중근은 큰 손해를 본 채 광산 사업에서 손을 뗄 수밖에 없었습니다.

이러한 상황이 되자 안중근은 이제 한국 땅에서 독립운동을 하기는 어렵겠다고 생각했던 것 같아요. 그렇지만 그는 이번에도 포기하지 않고 다른 방식으로 한국의 독립을 이루겠다고 결심합니다.

한국의 독립을 위해 일본과의 견투를 '선택'한 안중근

●

안중근은 한국을 떠나 간도를 거쳐 러시아 땅인 연해주로 갔어요. 당시 연해주에는 안중근처럼 독립운동을 하기 위해 고향을 떠나온 한국 사람들이 많이 있었거든요.

연해주에 도착한 안중근. 한국에서 학교를 세우고 사업을 벌이기도 했던 그는 이제 일본군과 맞서 싸우는 의병

대장으로 변신합니다.

사람들을 모아 의병을 조직한 안중근은 약 삼백 명의 의병을 이끌고 일본군을 무찌르기 위해 나섰어요. 안중근이 이끄는 의병은 초반에 펼쳐진 두 차례의 전투에서 승리를 거둡니다.

하지만 다음에 벌어진 전투에서 안중근은 참패를 당해요. 얼마나 큰 패배였는지 삼백 명 중 육십여 명밖에 남지 않았을 정도였다고 하지요. 그런데 이 전투가 패배로 끝난 데는 안중근의 책임도 있었어요.

초반에 펼쳐진 전투에서 일본 병사 몇 명이 안중근이 이끄는 의병에게 붙잡혔는데, 안중근은 이들을 풀어 주자고 주장합니다. 국제법에 따르면 포로를 죽이지 말고 돌려보내 주어야 하거든요.

당연히 의병들은 불만을 품었어요. 기껏 죽기를 각오하고 싸워서 일본군을 붙잡았는데 그냥 놓아주라니요. 하지만 안중근은 일본 병사들이 갖고 있던 무기까지 챙겨 주면서 그들을 돌려보냅니다.

그런데 얼마 지나지 않아 일본군이 의병을 습격합니

다. 풀려난 일본 병사가 의병 부대의 위치를 알려준 것이 아닐까 싶어요.

안중근이 이끄는 의병 부대는 일본군의 습격을 받아 크게 패배합니다. 패전 이후에는 그나마 남아 있던 육십여 명의 의병들도 뿔뿔이 흩어져 버렸어요. 더 이상 안중근을 믿고 따를 수 없다면서 말이에요.

이렇게 되니 안중근도 다시 연해주로 돌아갈 수밖에 없었습니다. 후퇴하는 동안 안중근 일행은 점점 줄어들어서 딱 세 명만 남았다고 해요. 그들은 험한 산속에서 12일 동안 딱 두 끼밖에 먹지 못할 정도로 고생을 하며 겨우겨우 연해주로 돌아갔어요.

보통 사람이라면 이쯤에서 포기했을지도 몰라요. 정말 수많은 독립운동을 했지만 뚜렷한 결과가 없잖아요. 자신이 이끌던 의병 부대도 큰 피해를 입었고요.

하지만 안중근은 포기하지 않았습니다. 안중근은 다시 새로운 독립운동을 계획했어요.

손가락을 스스로 끊고
이토 히로부미를 쏜 안중근

•

연해주로 돌아온 안중근은 자신과 뜻을 함께할 사람들을 모았습니다. 이윽고 안중근과 같은 뜻을 가진 열한 명의 독립운동가가 모였어요.

과거 안중근을 믿고 의병 삼백여 명이 모였던 것을 생각하면 초라하게 느껴지기도 해요. 하지만 숫자는 중요하지 않았지요.

이들은 '대한독립'을 이루겠다고 맹세하며 자신의 손가락 한 마디를 끊습니다. 지금도 안중근의 손바닥 도장이 남아 있는데, 잘 보면 약지 한 마디가 없어요. 이때 손가락을 끊었기 때문이지요.

손가락을 끊으며 안중근은 어떤 생각을 했을까요? 아마 어떻게든 자신이 할 수 있는 일을 찾겠다는 의지를 불태웠던 것 같아요.

그리고 몇 개월이 지난 1909년 10월, 안중근은 중국의 하얼빈으로 향합니다. 드디어 안중근에게 기회가 찾아왔거든요. 이토 히로부미가 하얼빈으로 향하고 있다는 소식을 들은 거예요.

이토 히로부미는 을사늑약 체결과, 한국을 일본의 보호국으로 만드는 데 앞장선 일본의 정치인입니다. 한국 사람에게는 원수 같은 존재였지요.

안중근은 하얼빈에 도착한 뒤 정보를 모으기 시작했어요. 이토 히로부미가 정확히 몇 시 몇 분에 하얼빈에 도착하는지 알아야 하니까요.

1909년 10월 26일 새벽, 권총을 챙긴 안중근은 하얼빈역으로 출발했습니다. 열차는 오전 9시에 도착했어요. 주변에는 이토 히로부미를 환영하기 위해 모인 사람들이 가득했지요.

이토 히로부미는 열차에서 나와 각국 관리들과 인사를 나누고 러시아 군인들의 환영을 받습니다. 그리고 그가 다시 열차로 이동하는 순간, 안중근이 앞으로 뛰쳐나와 이토 히로부미에게 총격을 가했어요. 이토 히로부미는 그 자리에서 쓰러졌고 총에 맞은 지 30분 만에 사망합니다.

안중근은 그 자리에서 붙잡혔고, 붙잡히면서도 러시아

말로 "코레아 우라" 즉, 한국 만세를 외쳤다고 합니다.

체포된 안중근은 총 여섯 번 재판을 받았어요. 하지만 재판정에 있는 판사, 검사, 변호사, 통역사는 모두 일본 사람이었습니다. 제대로 된 재판이 이루어질 수 없었지요.

하지만 안중근은 재판 과정에서 전혀 주눅 들지 않았어요. 그는 오히려 이토 히로부미가 지은 죄를 하나하나 설명하며 일본 검사들의 말문을 막히게 했습니다.

결국 안중근은 사형을 선고받았지만, 그는 그 순간에도 당당함을 잃지 않았어요. 그는 감옥에서 자신의 생각이 담겨 있는 책을 쓰고, 가족들에게 담담하게 유언을 남긴 뒤 세상을 떠났습니다.

안중근의 죽음은 다른 독립운동가에게도 큰 울림을 주었어요. 일제 강점기에 안중근은 독립운동의 상징으로 남아 사람들에게 용기를 불어넣었습니다.

안중근의 가족들 역시 안중근처럼 독립운동에 몸을 던졌습니다. 안중근의 어머니였던 조마리아 여사는 대한민국 임시 정부를 지원하는 활동을 이어 나갔고, 안중근의 동생 안정근과 안공근도 평생을 독립운동에 바쳤어요.

우리는 지금 안중근과 독립운동가들이 목숨 바쳐 되찾으려 했던 대한민국에 살고 있어요. 역사를 읽으며 그들 덕분에 지금의 우리가 있다는 사실을 기억했으면 합니다.

큰★별쌤의 한마디

우리는 안중근의 한 가지 순간만 기억해요. 하얼빈역에서 이토 히로부미를 쏘아 죽인 의사 안중근의 모습 말이에요. 쉽게 도전할 수 없는 용기 넘치는 모습이지요.

하지만 그런 용기 있는 모습 뒤에 숨겨져 있는 수많은 실패의 모습들까지 바라봤으면 합니다. 안중근은 여러 번 실패를 겪은 사람이에요. 독립운동 기지를 세우려는 노력도 성공하지 못했고, 독립 자금을 모으기 위한 사업도 실패했고, 심지어 의병 전쟁에서도 패배했지요.

평범한 사람이라면 이미 포기했을 수도 있어요. '나는 안 되는 사람이구나.' 하면서 말이에요.

그렇지만 안중근은 실패 속에서도 용기를 잃지 않았어요. 오히려 더욱 의지를 불태우며 자신이 할 수 있는 일을 찾았습니다. 그런 의지를 품었기 때문에 민족의 적 이토 히로부미를 처단할 기회가 찾아온 것은 아닐까요?

공부를 싫어했던 안중근 의사?

안중근의 어렸을 때 이름은 안응칠입니다. 뭔가 더 친근한 느낌이죠?

소년 안응칠은 공부를 싫어했다고 해요. 안중근은 "친구를 사귀고, 술 마시며 놀고, 사냥하고, 말 타는 것을 평생 즐겼다."라고 자서전에 쓰기도 했어요.

아버지 안태훈은 안중근을 공부시키기 위해 혼내기도 하고 달래도 봤어요. 심지어 함께 어울리던 친구들조차 안중근에게 공부를 좀 하면 어떻겠냐고 말했을 정도예요.

하지만 안중근은 절대 고집을 꺾지 않았습니다. 그는 "글은 이름이나 적을 수 있으면 충분하다."라고 말하며 다시는 자신에게 공부하라는 말을 하지 말라고 합니다. 정말 공부가 하기 싫었던 모양이에요.

이렇게 친구들과 뛰어노는 것을 좋아하고 장난기 넘쳤던 소년은 자라서 나라가 어려운 상황에 빠지자 독립운동에 자신을 던지기로 결심합니다. 그리고 교육을 통해 인재를 길러 내는 것이 얼마나 중요한지도 깨닫게 되지요.

안중근은 하얼빈에서 이토 히로부미를 처단한 뒤 뤼순 감옥에 갇혀요. 그곳에서 그는 한국, 중국, 일본 세 나라가 힘을 합쳐 평화를 유지할 방법을 담은 《동양평화론》을 집필하기도 합니다. 사형이 생각보다 일찍 집행되면서 완성하지는 못했지만, 안중근이 얼마나 동양의 평화를 고민하고 연구했는지 알 수 있는 글이랍니다.

자신의 전부를 독립운동에 바친 이회영

많이 가질수록 행복할까요?

우리는 무엇이든 많이 갖기를 원해요. 돈도 많았으면 좋겠고, 맛있는 음식도 많이 먹고 싶고, 갖고 싶은 물건도 참 많죠.

그렇지만 아무리 갖고 싶었던 물건을 얻더라도 시간이 지나면 만족감이 점점 줄어든다고 해요. 맛있는 음식도 여러 번 먹으면 질리는 경우가 있잖아요. 그래서 많이 가진다고 무조건 행복해지지는 않습니다.

하지만 주변 친구들을 위해 행동할 때, 두려운 상황에서도 용기 있게 나설 때 우리는 보람과 행복을 느낄 수 있어요. 이는 물건이 주는 행복과는 또 다른 행복이죠.

역사 속에는 돈과 권력을 많이 갖는 삶보다 자신이 가진 것을 다른 사람을 위해 아낌없이 내놓는 삶을 선택한 사람들이 여럿 있어요. 자신이 생각하는 의미 있는 삶을 살면서 진정한 행복을 찾은 사람들이죠.

일본이 우리나라의 국권을 완전히 빼앗은 '경술국치' 직후 어떤 집안의 여섯 형제가 한곳에 둘러앉아 이야기를 나누고 있었습니다. 이때 한 명이 비장한 목소리로 이렇게 말했어요.

"우리가 당당한 양반 가문으로서 정의롭게 죽을지언정, 어떻게 일본 놈들 밑에서 노예가 되어 살아가겠습니까? 우리 모두 만주로 가서 독립운동을 하는 것이 어떻습니까?"

여섯 형제는 모두 그 말에 동의했고, 이윽고 가진 재산을 팔아 독립운동을 하러 만주로 떠나갔어요. 이들이 이번에 살펴볼 이회영과 그 형제들입니다.

한 번의 삶을 어떻게 살아야 할지
고민했던 이회영

•

이회영은 여섯 형제 중 넷째로 태어났어요. 이회영의 집안은 조선에서 손꼽힐 정도로 잘나가는 집안이었습니다. 대대로 정승, 판서를 지냈던 집안이거든요. 지금으로 치면 아버지, 할아버지가 국무총리나 장관을 지냈던 거죠.

그래서 이회영의 집안은 무척 부자이기도 했어요. 지금의 서울 명동 지역이 거의 이회영 집안 땅이었다고 할 정도였지요.

특히 이회영의 형인 이석영은 친척의 양자로 들어갔는데, 그 집안은 더욱 부자였습니다. 얼마나 부자였냐면 "경기도 양주부터 서울까지 남의 땅을 밟지 않고 갈 수 있다."라고 할 정도였어요. 이석영의 땅이 약 30킬로미터 정도 쭉 이어져 있었다는 이야기예요. 정말 놀랍지 않나요?

이회영이 성장하던 때, 조선은 나라의 문을 열고 서양의 기술과 문화를 받아들이고 있었습니다. 바뀌는 것도 많고, 혼란스럽기도 한 시기였지요.

물론 이회영 정도 되는 부자라면 나라가 혼란스럽든지 말든지 가진 돈을 이용해 편하게 살 수 있었을 거예요. 그렇지만 이회영은 딱 한 번 사는 삶을 어떻게 의미 있게 살아야 할지 끊임없이 고민하는 사람이었어요.

이회영은 서양에서 들어온 학문을 열심히 익혔습니다. 그러면서 조선을 외국 세력의 침입에서 지키려 했던 사람들과 친해졌어요. 이회영은 그들과 함께 다양한 운동에 참여하면서 나라를 구해 내려 했습니다.

그러던 중 일본이 을사늑약을 체결하려 한다는 소식이 전해졌어요. 이회영은 어떻게든 을사늑약을 막기 위해 노력했지만 결국 막아 내지 못했어요. 일본이 고종과 관리들을 협박하기도 했고, 무엇보다 을사늑약을 찬성한 을사오

적이 있었으니까요.

당시 높은 지위에 있는 관리나 부자들 중에서는 우리나라의 국권을 빼앗아 가는 일본에 크게 저항하지 않는 경우가 많았어요. 오히려 일본에 협조해서 더 큰 이익을 얻으려 한 사람들도 있었죠.

하지만 이회영은 달랐어요. 그는 자신이 나라를 구하기 위해 할 수 있는 일이 무엇인지 다시 고민하기 시작했습니다. 을사오적 같은 민족 반역자들과는 전혀 다른 선택을 내린 것이죠.

부귀영화를 버리고
독립운동을 '선택'한 이회영과 형제들

을사늑약이 체결된 후 이회영은 나라 밖으로 눈을 돌렸어요. 나라 안에서는 독립운동을 펼치기가 쉽지 않았거든요. 일본이 눈에 불을 켜고 감시하고 있었으니까요.

이회영은 국내에서 한국 사람들을 교육하는 데 힘쓰면

서, 한편으로 만주 지역에 독립운동 기지를 건설하려 했어요. 힘을 기르면 언젠가 한국도 일본으로부터 벗어날 수 있을 거라고 생각했으니까요.

하지만 나라를 일본에 완전히 빼앗기게 되자 이제 빼앗긴 나라를 되찾아야 하는 상황이 되었습니다.

이때 이회영과 여섯 형제는 집안의 재산을 모두 팔아 만주로 떠났어요. 이회영의 가문이 엄청나게 부자라고 했었죠? 이들은 일본이 의심하기 전 빠르게 재산을 처분하고 떠나기 위해 싼값으로 재산을 팔았습니다. 그렇게 마련한 돈을 현재 땅값으로 바꾸어 계산하면 2조 원에 이른다고 해요.

이회영과 형제들은 그 많은 재산을 전부 독립운동에 사용하기로 결심하고, 가족과 집안에서 일하던 사람 육십여 명을 데리고 길을 나섰어요.

그들은 만주 서간도로 가서 땅을 샀습니다. 그곳에 집을 짓고, 학교를 짓고, 인재를 길러 내면서 동시에 독립운동가들을 지원했지요. 또한 자신들도 직접 독립운동에 참여했습니다. 온 가족이 독립운동가였던 거예요.

그러다 보니 엄청난 액수의 돈은 3년 만에 바닥이 나 버렸어요. 나중에 이회영의 가족이 쓴 글을 보면 가족들이 모두 배를 곯았다고 합니다. 죽도 마음껏 먹지 못했다고 해요. 심지어 형제 중에서 가장 부자였던 이석영은 굶주림에 시달리다가 영양실조로 세상을 떠나죠.

어마어마하게 잘나갔던 집안의 사람들이 왜 그런 고생을 사서 했을까요? 꿈이 있었기 때문이에요. 한국 독립이라는 꿈을 이루기 위해 멀리 만주까지 가서 굶주림을 참으며 독립운동을 했던 것이지요.

자신의 모든 것을 바쳐서 독립운동의 씨앗을 심은 이회영

●

이회영은 일본으로부터 나라를 되찾기 위해서 독립군을 길러 내 일본군과 직접적으로 맞서 싸워야 한다고 생각했어요. 그래서 '신흥 강습소'라는 학교를 세웁니다. 나중에 이 학교가 '신흥 무관 학교'로 발전하지요.

신흥 강습소에 들어간 학생들은 학비를 하나도 내지 않았어요. 학교는 이회영 형제들이 낸 돈으로 운영되었습니다. 근처에 사는 마을 주민들은 학생들의 식사를 준비해 주었어요.

학교에서는 군사 교육뿐 아니라 한국의 역사·국어·지리도 가르쳤습니다. 나라를 사랑하는 마음과 자긍심을 가져야 독립운동을 할 수 있는 것이니까요.

이후 신흥 무관 학교는 십 년간 삼천오백여 명이나 되는 졸업생을 배출했어요. 신흥 무관 학교는 독립운동의 역사를 완전히 바꿔 놓았습니다.

일본군에게 큰 피해를 준 청산리 전투를 지휘한 김좌진은 신흥 무관 학교 교관 출신이었어요. 나중에 대한민국 임시 정부에서 만든 한국 광복군의 총사령관 역시 신흥 무관 학교의 교관이었던 지청천이었지요.

1920년대에 활동하며 일본의 골치를 아프게 했던 의열단을 만든 사람도 신흥 무관 학교 출신인 김원봉이었습니다. 의열단은 조선 총독부나 일본 왕궁에 폭탄을 던지는 등의 활동을 펼친 단체입니다.

이렇게 신흥 무관 학교 출신 인물들은 일본에 공포의 대상이 되었습니다. 이회영과 형제들이 전 재산을 바쳐서 세운 학교가 무장 독립 투쟁의 역사를 새로 쓴 거예요.

이후에도 이회영은 자신의 온 힘을 독립운동에 쏟았습니다. 그러다가 1932년, 예순여섯의 나이에 중국의 상하이에서 일본에 붙잡히고 말았어요. 그는 모진 고문을 받다가 숨을 거두었습니다.

이회영은 자신이 살아 있을 때 한국의 독립을 이루지 못하더라도 자신의 역할을 다해야 한다고 믿었어요. 그래서 그는 마지막 순간까지 쉬지 않고 독립운동을 했습니다.

큰★별쌤의 한마디

평생 편안하게 살 수 있는 신분도, 재산도 버리고 오로지 독립운동에 인생 전부를 바친 이회영. 그는 젊은 시절 스스로에게 이렇게 물었다고 해요.

"한 번의 젊음을 어떻게 보내야 하는가?"

저는 이회영이 살아온 인생 자체가 이 질문에 대한 답이었다고 생각해요.

우리는 모두 언젠가는 죽습니다. 한 번뿐인 인생을 어떻게 살 것인지 고민하지 않는다면 우리는 역사라는 무대에서 어떤 역할도 할 수 없을 거예요.

역사에 무임승차해서는 안 돼요. 우리는 식민지가 된 나라를 다음 세대에게 물려주지 않기 위해 평생을 바친 이회영 같은 분들이 준 선물을 받고 살아가고 있어요. 지금 우리는 대한민국이라는 독립된 나라에서 자유롭고 당당하게 살고 있잖아요. 우리도 앞으로 살아갈 다음 세대를 위한 선물을 준비해야 합니다.

여러분도 지금부터 "어떻게 살아야 할까?"에 대해 고민해 보았으면 좋겠어요. 그래서 나중에 여러분의 인생을 통해 그 질문에 답하는 사람이 되기를 바랍니다.

노비에게 존댓말을 사용한 이회영

◆

이회영은 어린 시절부터 여느 양반과는 다른 점이 많았다고 해요.

그는 집에서 거느리고 있는 노비를 자유롭게 풀어 주기도 했고, 나이가 많은 노비에게는 존댓말을 사용하기도 했습니다. 신분제가 여전히 생활 속에 적용되었고 노비를 재산으로 취급했던 당시에는 상상조차 하기 힘든 일이었어요.

나중에 이회영이 만주로 떠날 때, 그가 해방시켜 준 노비들 몇몇은 이회영을 따라가기도 했습니다. 이회영에게 감사한 마음이 있지 않았다면 고생할 것이 뻔한 길을 따라가지 않았겠지요.

이회영은 이후 독립운동을 펼치면서도 똑같이 겸손한 태도를 보입니다. 그는 독립운동가 중에서도 잘나가는 가문 출신이었지만 절대 윗자리에 앉으려 하지 않았어요. 일본으로부터 독립한 뒤에 세워질 나라는 신분 차별 없는 평등한 사회가 되어야 한다고 믿었거든요.

그래서 이회영은 평생 독립운동의 길을 걸으면서도 독립운동 단체에서 리더를 맡은 적이 거의 없습니다. 높은 자리를 탐내지 않았으니까요.

부자에 잘나가는 가문이었지만 자신을 내세우지 않고 늘 겸손했던 이회영. 정말 독립운동가의 상징과도 같은 인물입니다.

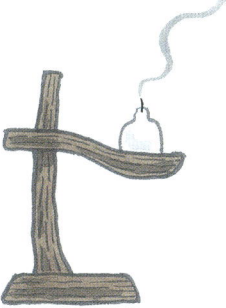

어린이를 위한 역사의 쓸모
인생 편 1

초판 1쇄 발행 2023년 8월 24일
초판 4쇄 발행 2025년 10월 13일

글쓴이 최태성
그린이 김옥재
감　수 별★별 한국사 연구소(곽승연 이상선 김혜진 권혜성)

펴낸이 김선식
펴낸곳 다산북스

부사장 김은영
어린이사업부총괄이사 이유남
책임편집 마정훈 **디자인** 김은지 **책임마케터** 안호성
어린이콘텐츠사업5팀장 이현정 **어린이콘텐츠사업5팀** 조문경 마정훈 조현진 강민영
어린이마케팅본부장 최민용 **어린이마케팅1팀** 안호성 이예주 김희연
미디어홍보본부장 정명찬
편집관리팀 조세현 김호주 백설희 **저작권팀** 성민경 이슬 윤제희 **기획마케팅팀** 류승은 박상준
재무관리팀 하미선 임혜정 이슬기 김주영 오지수
인사총무팀 강미숙 이정환 김혜진 황종원
제작관리팀 이소현 김소영 김진경 이지우 황인우 유미애
물류관리팀 김형기 김선진 주정훈 양문현 채원석 박재연 이준희

펴낸곳 다산북스 **출판등록** 2005년 12월 23일 제313-2005-00277호
주소 경기도 파주시 회동길 490 **전화** 02-704-1724 **팩스** 02-703-2219
다산어린이 공식 카페 cafe.naver.com/dasankids **다산어린이 공식 블로그** blog.naver.com/stdasan
종이 신승INC **인쇄 및 제본** 상지사 **후가공** 제이오엘앤피

ISBN 979-11-306-4537-7 74910
　　　979-11-306-4536-0 74910(세트)

• 책값은 뒤표지에 있습니다.
• 파본은 본사 또는 구입한 서점에서 교환해 드립니다.
• KC마크는 이 제품이 공통안전기준에 적합하였음을 의미합니다.
• 아이들이 책을 입에 대거나 모서리에 다치지 않게 주의하세요.
• 이 책은 저작권법에 의하여 보호를 받는 저작물이므로 무단 전재와 복제를 금합니다.

《어린이를 위한 역사의 쓸모 인생 편》을 추천해 주신 선생님들

★★★★★

이 책은 역사 속 여러 인물들의 잊힌 용기를 발견하게 해 주는 소중한 책입니다. 역사의 쓸모 이전 시리즈에 이어 어린이들의 역사 공부를 더욱 흥미롭게 만들고, 아이들의 마음에 용기의 씨앗을 심어 줄 것입니다.
― 구주영 선생님(서울두산초등학교)

지식과 재미, 올바른 인생관까지 갖추게 해 주는 역사책! 꼭 추천하고 싶습니다.
― 김미혜 선생님(선창초등학교)

역사적 인물의 이야기를 통해 인생에서 더 나은 선택을 할 수 있도록 도와주는 책! 매 순간 선택의 주인공은 바로 자신임을 상기시키는 책!
― 김민주 선생님(성사고등학교)

인생에서 용기가 필요한 상황은 매우 불편하게 찾아옵니다. 그럴 때 왜 용기 있는 선택을 해야 하는지, 그로써 불편을 감수해야 할 이유가 무엇인지 역사 속의 인물들에게 들어볼 수 있는 기회를 주는 책입니다.
― 김재훈 선생님(성사고등학교)

인생은 선택의 연속입니다. 이 책에는 어린이들이 용기를 얻고 행복한 인생을 사는 데 큰 힘이 될 이야기가 담겨 있습니다. 그 이야기가 바로 역사입니다.
― 김효주 선생님(호수초등학교)

역사 속 인생을 통해 아이들도 가슴으로 이해할 수 있는 인간적 가치를 풀어낸 책!
― 손선혜 선생님(김포제일고등학교)

이방원처럼 적극적으로 선택하고, 이회영처럼 두려움을 뛰어넘으며, 박문수처럼 당당하게 나아가자! 역사 속에서 일어났던 일들을 겸손하게 알아가는 어린이들은 자기 삶을 좀 더 깊고 단단하게 만들 수 있을 것입니다.
― 안도연 선생님(안산초등학교)